CONTENTS

Derechos de Autor   3
Dedicatoria   4
Agradecimientos   5
Acerca del Autor   6
¿Qué esperar de Cybersecurity 360?   8
Prefacio   14
PARTE 1   16
Capítulo 1: Introducción a la Ciberseguridad   17
Capítulo 2: Principios Fundamentales de la Ciberseguridad   23
Capítulo 3: Técnicas de Ciberseguridad   29
Capítulo 4: Evaluación de Vulnerabilidades y Penetration Testing   40
Capítulo 5: Análisis de Malware   50
Capítulo 6: Respuesta a Incidentes y Recuperación   58
Capítulo 7: Gestión de Identidades y Accesos   67
Capítulo 8: Seguridad en la Nube   74
Capítulo 9: Seguridad en IoT (Internet de las Cosas)   82
Capítulo 10: Ética y Aspectos Legales en Ciberseguridad   90
Capítulo 11: Normativas y Compliance en Ciberseguridad   96
  PARTE 2   105
Capítulo 12: Herramientas Esenciales de Ciberseguridad   106

PARTE 3	122
Capítulo 13: Inteligencia Artificial en Ciberseguridad	123
Capítulo 14: Detección de Amenazas con IA	130
Capítulo 15: Automatización de la Ciberseguridad con IA	135
Capítulo 16: IA en la Evaluación de Vulnerabilidades	140
Capítulo 17: IA en la Seguridad de la Nube	147
Capítulo 18: IA en la Gestión de Identidades y Accesos	155
Capítulo 19: IA en la Seguridad de Dispositivos IoT	163
Capítulo 20: IA en la Detección de Amenazas Internas	173
Capítulo 21: Inteligencia Artificial en la Defensa Contra Ataques DDoS	179
Capítulo 22: Inteligencia Artificial en Normativas y Compliance	189
Capítulo 23: Tendencias Emergentes en Ciberseguridad	198
PARTE 4	205
Capítulo 24: Herramientas de Inteligencia Artificial en Ciberseguridad	206
PARTE 5	226
Capítulo 25: Ética y Futuro de la Ciberseguridad	227
Anexos	236
Epílogo	245
Compromiso con la Comunidad	246

Cybersecurity 360: De los Fundamentos a la Inteligencia Artificial

"Existen dos tipos de personas y organizaciones: las que han sido atacadas cibernéticamente y las que lo serán."
—Robert Mueller, exdirector del FBI

DERECHOS DE AUTOR

Título: Cybersecurity 360: De los Fundamentos a la Inteligencia Artificial

Autor: Angel D. Santiago Rivera

© 2024 por Angel D. Santiago Rivera. Todos los derechos reservados.

Queda prohibida la reproducción total o parcial de este libro, su incorporación en un sistema informático o su transmisión en cualquier forma o por cualquier medio, sea este electrónico, mecánico, por fotocopia, por grabación u otros métodos, sin el permiso previo y por escrito del editor. El incumplimiento de estas condiciones puede constituir una infracción de los derechos del autor y dará lugar a las responsabilidades legalmente establecidas.

La información contenida en este libro se proporciona sin garantía de ningún tipo, expresa o implícita, y está sujeta a cambios sin previo aviso. El autor y el editor no asumen responsabilidad alguna por cualquier daño o perjuicio que pudiera derivarse del uso de esta información.

DEDICATORIA

A Dios, a mi esposa, a nuestras familias por su apoyo incondicional y a nuestros hijos, Emanuel y Kamila, que son nuestra inspiración para perseguir nuestros sueños.

AGRADECIMIENTOS

Quiero agradecer a todos los que han contribuido a la realización de este libro. Y a todos mis lectores, por su interés y confianza en mi trabajo.

ACERCA DEL AUTOR

Ángel David Santiago Rivera posee una maestría en ciencias de cómputos con concentración en ciberseguridad y forense digital actualmente se encuentra culminando su doctorado en administración de empresas. Cuenta con diversas certificaciones en áreas clave de la ciberseguridad, manejo de proyectos y tecnología, lo que le otorga una perspectiva integral para abordar los desafíos de seguridad en el mundo empresarial y digital. Actualmente, se desempeña como Director de Sistemas de Información y Profesor de ciberseguridad y tecnología, apasionado por proteger los sistemas digitales y capacitar a otros para enfrentar las amenazas del ciberespacio.

Ángel David Santiago Rivera, residente de Puerto Rico, se ha dedicado a ayudar a individuos, empresas y organizaciones a comprender la importancia de la ciberseguridad en la era de la información, brindando soluciones prácticas y efectivas para proteger sus activos digitales.

Misión

Ángel David Santiago Rivera tiene una profunda pasión por el aprendizaje continuo, manteniéndose siempre actualizado sobre las tendencias y avances en ciberseguridad. Su experiencia en múltiples áreas de la tecnología le ha permitido desarrollar un enfoque holístico, que no solo protege infraestructuras críticas, sino que también promueve una cultura de seguridad digital accesible para todos. Este libro es su contribución para ayudarte a comprender y aplicar estrategias de ciberseguridad que te permitan navegar con confianza en el entorno digital, protegiendo tanto tu información personal como los activos empresariales.

LinkedIn: https://www.linkedin.com/in/adsr22/

¿QUÉ ESPERAR DE CYBERSECURITY 360?

Objetivos del libro

Bienvenido a **Cybersecurity 360: De los Fundamentos a la Inteligencia Artificial.** En un mundo cada vez más interconectado, ¿cómo podemos proteger nuestra información y salvaguardar nuestra privacidad? Este libro nace con el propósito de explorar esa pregunta y proporcionar una guía completa y accesible sobre el vasto campo de la ciberseguridad. Nuestros objetivos principales son:

- **Brindar una comprensión sólida de los fundamentos de la ciberseguridad**: Desde los principios básicos hasta las técnicas esenciales para proteger sistemas y redes.

- **Explorar herramientas y prácticas actuales**: Presentar las herramientas más relevantes y efectivas en el ámbito de la ciberseguridad, detallando cómo y cuándo utilizarlas.

- **Introducir la aplicación de la inteligencia artificial en la ciberseguridad**: ¿De qué manera están revolucionando el machine learning y el deep learning la forma en que abordamos las amenazas cibernéticas?

- **Fomentar el pensamiento crítico y la comprensión profunda**: A través de preguntas y reflexiones, invitamos al lector a analizar y cuestionar, promoviendo un aprendizaje activo.

- **Servir como recurso para una amplia audiencia**: Tanto si eres un principiante interesado en aprender sobre ciberseguridad como un profesional buscando actualizar tus conocimientos, este libro está diseñado para ser útil y relevante.

Cómo utilizar este libro

La ciberseguridad es un campo dinámico y en constante evolución. Para aprovechar al máximo este libro, considera las siguientes recomendaciones:

- **Lectura progresiva**: ¿Cuál es la mejor manera de construir una base sólida? Comienza con los fundamentos en la Parte 1 y avanza gradualmente hacia temas más avanzados en las siguientes partes.

- **Participación activa**: Al final de cada capítulo encontrarás preguntas y ejercicios diseñados para estimular tu pensamiento. ¿Estás dispuesto a desafiar tus propias ideas y profundizar en los conceptos?

- **Utilización de recursos adicionales**: Aprovecha los anexos, el glosario y los enlaces a laboratorios virtuales y comunidades en línea. ¿Dónde puedes encontrar más información y cómo puedes aplicar lo aprendido en entornos prácticos?

- **Actualización constante**: Dada la rapidez con que cambian las amenazas y las tecnologías, ¿cómo puedes mantenerte al día y seguir siendo relevante en el campo de la ciberseguridad?

Importancia de la ciberseguridad en el mundo actual

En la era digital, la información se ha convertido en uno de los activos más valiosos. Empresas, gobiernos y personas dependen de sistemas digitales para casi todos los aspectos de la vida diaria. Pero, ¿qué riesgos implica esta dependencia?

- **Ciberataques en aumento**: Los ataques cibernéticos son cada vez más sofisticados y frecuentes. ¿Estamos preparados para enfrentar estas amenazas?

- **Impacto económico y social**: Las brechas de seguridad pueden resultar en pérdidas financieras significativas y comprometer la privacidad y seguridad personal. ¿Cómo afectan estos incidentes a la confianza en las instituciones y en la tecnología?

- **Evolución tecnológica**: Tecnologías emergentes como el Internet de las Cosas (IoT), la inteligencia artificial y la computación en la nube introducen nuevas vulnerabilidades. ¿Cómo podemos adaptarnos y protegernos en este entorno en constante cambio?

- **Necesidad de profesionales capacitados**: Existe una creciente demanda de expertos en ciberseguridad. ¿Estás listo para formar parte de la solución?

La ciberseguridad ya no es un lujo, sino una necesidad esencial en nuestra sociedad conectada. Este libro busca equiparte con el conocimiento y las habilidades necesarias para entender y enfrentar estos desafíos. Al explorar juntos estas preguntas, esperamos inspirarte a pensar críticamente y a involucrarte activamente en la protección del mundo digital.

Guía para el lector

Para facilitar tu experiencia de aprendizaje, hemos estructurado el libro de la siguiente manera:

- **Parte 1: Fundamentos de la Ciberseguridad**
  Estableceremos las bases, introduciendo los conceptos y principios clave que sustentan la ciberseguridad. ¿Cómo funcionan las amenazas y las defensas básicas?

- **Parte 2: Herramientas de Ciberseguridad**
  Exploraremos las herramientas esenciales utilizadas por profesionales. ¿Qué opciones existen y cómo puedes decidir cuál es la más adecuada para tus necesidades?

- **Parte 3: Inteligencia Artificial en Ciberseguridad**
  Nos adentraremos en cómo la IA está transformando el campo. ¿De qué manera la inteligencia artificial puede mejorar nuestras defensas y qué nuevos desafíos presenta?

- **Parte 4: Herramientas de Inteligencia Artificial en Ciberseguridad**
  Presentaremos las herramientas basadas en IA más relevantes. ¿Cómo funcionan estas tecnologías y cómo puedes aplicarlas en la práctica?

- **Parte 5: Recursos Adicionales y Futuro de la Ciberseguridad**
  Discutiremos tendencias emergentes, aspectos éticos y legales. ¿Qué nos depara el futuro y cómo podemos prepararnos para los próximos cambios?

- **Anexos**
  Incluimos un glosario de términos, recursos adicionales como cursos y certificaciones, y enlaces a laboratorios virtuales. ¿Dónde puedes seguir aprendiendo y creciendo profesionalmente?

Elementos clave en cada capítulo:

- **Introducciones claras**: Comenzamos con una visión general de lo que se cubrirá. ¿Qué aprenderás en este capítulo y por qué es importante?

- **Casos prácticos y ejemplos reales**: Ilustramos cómo se aplican los conceptos en situaciones del mundo real. ¿Cómo se manifiestan estos desafíos en el día a día?

- **Preguntas y reflexiones**: Diseñadas para estimular tu pensamiento crítico. ¿Qué opinas sobre estos temas y cómo afectan tu perspectiva?

- **Fomenta el pensamiento crítico mediante análisis de casos y ejemplos prácticos**: Oportunidades para aplicar lo aprendido de manera práctica. ¿Estás listo para poner a prueba tus habilidades?

- **Resumen y puntos clave**: Al final de cada capítulo, reforzamos los conceptos más importantes. ¿Qué has aprendido y cómo puedes aplicarlo?

Nota sobre el lenguaje y los términos técnicos:

- Hemos hecho un esfuerzo consciente para explicar los términos técnicos y evitar jerga innecesaria. Cuando se utilizan términos especializados, se proporcionan definiciones claras y se incluye una referencia en el glosario. De esta manera podemos hacer que el conocimiento sea accesible para todos.

Al embarcarte en este viaje a través del mundo de la ciberseguridad, te invitamos a mantener una mente abierta y curiosa. La protección de la información y la seguridad digital son responsabilidades compartidas. ¿Cómo puedes contribuir a un ecosistema digital más seguro? Esperamos que este libro sea una guía valiosa en tu camino hacia la comprensión y la acción.

¡Comencemos!

PREFACIO

En la era digital en la que vivimos, la ciberseguridad ya no es un lujo o una preocupación exclusiva de las grandes corporaciones; es una necesidad imperante para todos. Desde empresas multinacionales hasta el individuo que utiliza su dispositivo móvil para tareas cotidianas, todos estamos conectados a una vasta red que, si bien ofrece innumerables oportunidades, también nos expone a riesgos y amenazas sin precedentes.

Este libro, **"Cybersecurity 360: De los fundamentos a la inteligencia artificial"**, nace con el propósito de brindar una guía completa y accesible para cualquier persona interesada en protegerse en el mundo digital. Ya sea que seas un profesional de TI, un estudiante, un empresario o simplemente alguien que desea entender cómo salvaguardar su información personal, este libro te ofrecerá las herramientas y conocimientos necesarios para enfrentar los desafíos de la ciberseguridad.

A lo largo de estas páginas, exploraremos desde los conceptos básicos hasta las tecnologías más avanzadas, como la inteligencia artificial, que están redefiniendo la forma en que abordamos la seguridad digital. Abordaremos no solo las técnicas y estrategias para proteger sistemas y datos, sino también las implicaciones éticas y el futuro de la ciberseguridad en un mundo cada vez más interconectado.

La adaptación de la frase de Robert Mueller al inicio de este prefacio busca enfatizar una realidad ineludible: **nadie está exento de las amenazas cibernéticas**. Sin embargo, con el conocimiento adecuado y una actitud proactiva, es posible reducir significativamente los riesgos y estar preparados para responder eficazmente ante cualquier incidente.

Te invito a embarcarte en este recorrido por el fascinante y vital campo de la ciberseguridad, con la esperanza de que al final no solo te sientas más seguro, sino también empoderado para contribuir a un entorno digital más protegido y confiable.

¿A quién está dirigido este libro?

- **Profesionales de TI y Ciberseguridad**: Que buscan actualizar sus conocimientos y explorar nuevas tecnologías y estrategias.
- **Estudiantes y Académicos**: Interesados en una comprensión profunda y estructurada de la ciberseguridad.
- **Empresarios y Emprendedores**: Que desean proteger sus negocios y comprender los riesgos asociados con el entorno digital.
- **Usuarios en General**: Cualquiera que utilice dispositivos conectados y desee aprender cómo proteger su información y privacidad.

Comienza tu Viaje en la Ciberseguridad

Prepárate para adentrarte en el apasionante mundo de la ciberseguridad. Ya sea que estés dando tus primeros pasos o busques ampliar tus conocimientos, este libro te acompañará en cada etapa, brindándote insights, prácticas recomendadas y una comprensión sólida de cómo protegerte y proteger a otros en el vasto universo digital.

¡Bienvenido a **"Cybersecurity 360: De los Fundamentos a la Inteligencia Artificial"**!

PARTE 1

CAPÍTULO 1: INTRODUCCIÓN A LA CIBERSEGURIDAD

¿Qué es la ciberseguridad y por qué es relevante?

En un mundo cada vez más digitalizado, donde nuestras actividades cotidianas dependen de la tecnología, surge una pregunta fundamental: **¿Cómo protegemos nuestra información en este entorno interconectado?** La ciberseguridad es la disciplina que se encarga de proteger sistemas informáticos, redes, dispositivos y datos contra ataques, daños o accesos no autorizados.

Imagina por un momento que toda la información personal que almacenas en tu teléfono o computadora está expuesta al público. ¿Cómo te haría sentir eso? La ciberseguridad no solo se trata de proteger grandes corporaciones o gobiernos; también es crucial para individuos como tú y yo.

La relevancia de la ciberseguridad radica en la protección de activos digitales que pueden incluir desde información financiera hasta propiedad intelectual y datos personales. A medida que más aspectos de nuestra vida migran al ámbito digital, garantizar la seguridad de esta información se vuelve esencial.

Además, las amenazas cibernéticas no discriminan por tamaño o sector. **¿Están las pequeñas empresas exentas de sufrir**

ataques? La realidad es que cualquier entidad conectada a internet es potencialmente vulnerable. Por lo tanto, comprender y aplicar principios básicos de ciberseguridad es vital para todos.

Historia y evolución de la ciberseguridad

Para entender dónde estamos hoy, es útil mirar hacia atrás y preguntarnos: **¿Cómo llegamos aquí en términos de seguridad digital?** La ciberseguridad ha evolucionado junto con el desarrollo de la tecnología informática.

Los inicios

En los primeros días de la computación, cuando las máquinas eran aisladas y ocupaban habitaciones enteras, la seguridad se centraba más en el acceso físico que en el digital. Con la llegada de las redes y, posteriormente, de internet, surgieron nuevas amenazas. Los primeros virus informáticos aparecieron en la década de 1970, pero fue en los años 80 y 90 cuando comenzaron a proliferar, coincidiendo con la masificación de las computadoras personales.

La era de internet

Con la expansión de internet en los años 90, el mundo experimentó una revolución en la comunicación y el intercambio de información. Sin embargo, este avance tecnológico también abrió la puerta a nuevos tipos de ataques. **¿Recuerdas el virus "ILOVEYOU" del año 2000?** Este gusano se propagó a través de correos electrónicos y causó daños estimados en miles de millones de dólares.

Ataques modernos y sofisticación

En las últimas dos décadas, los ataques cibernéticos se han vuelto más sofisticados y dirigidos. Han surgido amenazas como el ransomware, el phishing avanzado y los ataques patrocinados por estados. **¿Qué ha impulsado esta evolución en las tácticas de los atacantes?** Principalmente, la motivación financiera y política, junto con el acceso a herramientas más avanzadas.

La respuesta de la ciberseguridad

A medida que las amenazas evolucionaron, también lo hicieron las defensas. Se desarrollaron antivirus más robustos, firewalls avanzados y sistemas de detección de intrusos. La ciberseguridad pasó de ser una preocupación técnica a un componente estratégico en las organizaciones. **¿Es suficiente reaccionar a las amenazas o debemos ser proactivos en nuestra defensa?**

Amenazas más comunes y su impacto

¿Cuáles son las amenazas cibernéticas que enfrentamos hoy en día y cómo nos afectan?

Malware

El malware, o software malicioso, es uno de los tipos de amenazas más conocidos. Incluye virus, gusanos, troyanos, ransomware y spyware. Por ejemplo, el ransomware cifra los datos de una víctima y exige un rescate para restaurar el acceso. **¿Qué harías si de repente no pudieras acceder a los archivos de tu computadora y se te exigiera un pago para recuperarlos?**

Phishing

El phishing es una técnica que busca engañar a las personas para que revelen información confidencial, como contraseñas o detalles de tarjetas de crédito. Los atacantes suelen enviar correos electrónicos o mensajes que parecen provenir de fuentes confiables. **¿Alguna vez has recibido un correo sospechoso pidiéndote que "verifiques" tu cuenta bancaria?**

Ataques de Denegación de Servicio (DoS y DDoS)

Estos ataques buscan hacer que un sistema o red no esté disponible para sus usuarios legítimos. Lo logran inundando el sistema con tráfico o solicitudes excesivas. Imagina intentar acceder a un servicio en línea vital y descubrir que está fuera de servicio debido a un ataque. **¿Cómo afectaría eso a tu vida diaria o a los negocios que dependen de ese servicio?**

Amenazas internas

No todas las amenazas provienen del exterior. Empleados descontentos o negligentes pueden causar daños significativos, ya sea intencionalmente o por accidente. **¿Cómo podemos equilibrar la confianza en el personal con la necesidad de proteger los activos de la organización?**

Ataques de día cero

Un ataque de día cero explota vulnerabilidades desconocidas en software o hardware. Dado que no hay parches disponibles, estos ataques pueden ser especialmente dañinos. **¿Cómo se puede proteger contra algo que aún no se conoce?**

Impacto de las amenazas cibernéticas

Las consecuencias de las amenazas cibernéticas pueden ser graves y de gran alcance:

- **Pérdidas financieras**: Tanto individuos como organizaciones pueden sufrir pérdidas económicas directas debido al fraude o indirectas por interrupciones de servicio.
- **Daño a la reputación**: Las brechas de seguridad pueden erosionar la confianza de clientes y socios, afectando la posición de mercado de una empresa.
- **Compromiso de datos personales**: La exposición de información personal puede conducir al robo de identidad y otros problemas relacionados con la privacidad.
- **Riesgos para la seguridad nacional**: Las infraestructuras críticas, como la energía o las comunicaciones, pueden ser objetivos de ataques

que afecten a países enteros.

Frente a estas amenazas, surge una pregunta esencial: ¿Qué medidas podemos tomar para protegernos y proteger a nuestras organizaciones?

Tendencias actuales en ciberseguridad

La ciberseguridad es un campo dinámico que debe adaptarse constantemente. Algunas tendencias actuales incluyen:

- **Uso de inteligencia artificial**: Tanto los defensores como los atacantes están empleando IA para mejorar sus tácticas. **¿Cómo puede la IA fortalecer nuestras defensas y qué riesgos adicionales introduce?**
- **Seguridad en la nube**: Con más servicios migrando a la nube, asegurar estos entornos es crucial. **¿Qué desafíos únicos presenta la seguridad en la nube en comparación con los sistemas tradicionales?**
- **Protección de dispositivos IoT**: El aumento de dispositivos conectados amplía la superficie de ataque. **¿Estamos considerando la seguridad al integrar estos dispositivos en nuestras redes?**

El papel de la educación y la conciencia

Una de las defensas más efectivas contra las amenazas cibernéticas es la educación. **¿Cuánto sabemos realmente sobre las mejores prácticas de seguridad?** Fomentar una cultura de seguridad implica:

- **Capacitación regular**: Mantener a los empleados y usuarios informados sobre las últimas amenazas y cómo reconocerlas.
- **Implementación de políticas claras**: Establecer directrices sobre el uso adecuado de los recursos

tecnológicos.
- **Promover la responsabilidad individual**: Cada persona tiene un papel en la protección de la información.

Conclusión

La ciberseguridad es más que una serie de técnicas y herramientas; es una mentalidad y un compromiso continuo. A medida que avanzamos en este libro, exploraremos en profundidad los principios fundamentales y las estrategias avanzadas para protegernos en el mundo digital.

Al concluir este capítulo, te invitamos a reflexionar: **¿Cuál es tu papel en la ciberseguridad? ¿Qué acciones puedes emprender hoy para contribuir a un entorno digital más seguro?**

CAPÍTULO 2: PRINCIPIOS FUNDAMENTALES DE LA CIBERSEGURIDAD

Para construir una defensa sólida contra las amenazas cibernéticas, es esencial comprender los principios fundamentales que guían la práctica de la ciberseguridad. Al igual que en cualquier disciplina, los fundamentos sirven como base para estrategias y técnicas más avanzadas. En este capítulo, exploraremos los pilares esenciales que sustentan la seguridad de la información y cómo aplicarlos en el mundo real.

La Triada CIA: Confidencialidad, Integridad y Disponibilidad

La Triada CIA es el modelo central en ciberseguridad y representa tres principios clave:

Confidencialidad

La confidencialidad se refiere a la protección de la información contra el acceso no autorizado. ¿Cómo garantizamos que solo las personas adecuadas puedan acceder a datos sensibles? Esto implica implementar controles de acceso adecuados, cifrado y políticas que regulen quién puede ver qué información.

Por ejemplo, en una empresa, los registros financieros deben ser accesibles solo para el personal autorizado. Si esta información cae en manos equivocadas, podría llevar a fraudes o pérdidas financieras.

Integridad

La integridad asegura que la información es precisa y completa, y que no ha sido alterada de manera no autorizada. ¿De qué sirve tener datos si no podemos confiar en su exactitud? La integridad es crucial para la toma de decisiones informadas.

Para mantener la integridad, se utilizan técnicas como firmas digitales, sumas de verificación y controles de versiones. Imagina que un cliente realiza una transferencia bancaria y los datos de la transacción se alteran durante el proceso. ¿Qué consecuencias podría tener esto para el cliente y el banco?

Disponibilidad

La disponibilidad garantiza que los sistemas y datos estén accesibles para los usuarios autorizados cuando sea necesario. ¿Cómo afecta a una organización si sus sistemas críticos no están disponibles durante horas o días? La falta de disponibilidad puede resultar en pérdidas financieras y dañar la reputación.

Para asegurar la disponibilidad, se implementan soluciones de redundancia, copias de seguridad y planes de recuperación ante desastres. Por ejemplo, un sitio web de comercio electrónico debe estar disponible las 24 horas para no perder ventas y mantener la confianza de los clientes.

Defensa en Profundidad

La defensa en profundidad es una estrategia que emplea múltiples capas de seguridad para proteger los activos de una organización. En lugar de confiar en una sola medida de seguridad, se combinan varias defensas para reducir el riesgo de que un ataque tenga éxito. Pero, ¿por qué es necesario tener múltiples capas?

Capas de Seguridad

1. **Perímetro Externo**: Incluye firewalls y sistemas de detección de intrusos para proteger contra amenazas externas.
2. **Red Interna**: Segmentación de la red y controles de acceso para limitar el movimiento lateral de un atacante dentro de la red.
3. **Sistemas y Aplicaciones**: Actualizaciones regulares y parches para corregir vulnerabilidades conocidas.
4. **Datos**: Cifrado y controles de acceso para proteger la información sensible.
5. **Usuarios**: Capacitación y concientización para prevenir errores humanos.

Al pensar en la seguridad como una cebolla con múltiples capas, se dificulta que un atacante penetre hasta el núcleo. Si una capa falla, las demás aún proporcionan protección.

Ventajas de la Defensa en Profundidad

- **Redundancia**: Si un control falla, otros pueden compensar.
- **Protección Integral**: Aborda diferentes vectores de ataque.
- **Flexibilidad**: Las capas pueden adaptarse según las amenazas emergentes.

Sin embargo, es importante considerar que demasiadas capas pueden complicar la gestión y potencialmente crear puntos débiles. ¿Cómo podemos equilibrar la complejidad con la eficacia en nuestras defensas?

Amenazas y Vulnerabilidades Clave

Para diseñar defensas efectivas, es crucial entender las amenazas y vulnerabilidades más comunes.

Vulnerabilidades Comunes

- **Software sin Actualizar**: Programas sin parches son susceptibles a exploits conocidos.
- **Contraseñas Débiles**: Claves fáciles de adivinar facilitan el acceso no autorizado.
- **Configuraciones Incorrectas**: Sistemas mal configurados pueden exponer servicios innecesarios.

Amenazas Comunes

- **Malware**: Programas diseñados para causar daño o acceder a sistemas sin permiso.
- **Phishing**: Intentos de engañar a los usuarios para que revelen información sensible.
- **Ataques de Fuerza Bruta**: Intentos repetidos de adivinar contraseñas o claves.

Al entender estas amenazas, podemos preguntarnos: ¿Estamos tomando las medidas necesarias para protegernos contra ellas?

Caso Práctico: Análisis de una Brecha de Seguridad Notable

Para ilustrar cómo se aplican estos principios en la realidad, analicemos una brecha de seguridad que afectó a una gran empresa.

Contexto

En 2017, Equifax, una de las agencias de crédito más grandes del mundo, sufrió una brecha de datos que expuso información personal de aproximadamente 147 millones de personas. ¿Qué sucedió y cómo pudo ocurrir?

Análisis de la Brecha

- **Vulnerabilidad Explotada**: Los atacantes aprovecharon una vulnerabilidad conocida en el software Apache Struts, que no había sido parcheada a tiempo.

- **Falta de Actualización**: Aunque el parche para la vulnerabilidad estaba disponible meses antes, no se aplicó oportunamente.
- **Defensa en Profundidad Insuficiente**: La falta de segmentación adecuada de la red permitió a los atacantes moverse lateralmente y acceder a más datos.
- **Problemas de Monitorización**: La detección tardía del incidente permitió que los atacantes estuvieran en el sistema durante meses sin ser detectados.

Impacto

- **Exposición de Datos Sensibles**: Números de seguro social, fechas de nacimiento y direcciones.
- **Daño a la Reputación**: Pérdida de confianza de los consumidores y socios.
- **Consecuencias Legales y Financieras**: Multas millonarias y demandas colectivas.

Lecciones Aprendidas

- **Importancia de la Actualización Regular**: ¿Cuántas veces hemos pospuesto actualizaciones pensando que no son urgentes?
- **Aplicación de la Defensa en Profundidad**: Si hubieran existido más barreras, ¿habrían logrado los atacantes acceder a tanta información?
- **Monitorización Continua**: La detección temprana puede limitar el alcance de un ataque.

Aplicación de los Principios Fundamentales

Después de analizar el caso de Equifax, es evidente cómo la falta de atención a los principios fundamentales puede tener consecuencias graves. Entonces, ¿cómo podemos asegurarnos de que estos principios se apliquen efectivamente en nuestras organizaciones?

Implementación de Medidas Prácticas

- **Políticas de Seguridad**: Establecer y mantener políticas claras que aborden la confidencialidad, integridad y disponibilidad.

- **Capacitación del Personal**: Educar a los empleados sobre las mejores prácticas y concientizarlos sobre su papel en la seguridad.

- **Evaluaciones Regulares**: Realizar auditorías y pruebas de penetración para identificar y corregir vulnerabilidades.

- **Planificación de Respuesta a Incidentes**: Preparar procedimientos para responder eficazmente a brechas de seguridad.

Conclusión

Los principios fundamentales de la ciberseguridad son más que conceptos teóricos; son pilares esenciales para proteger nuestros activos digitales. Al comprender y aplicar la Triada CIA, implementar una defensa en profundidad y estar atentos a las amenazas y vulnerabilidades clave, fortalecemos nuestra postura de seguridad.

Reflexiona sobre tu entorno, ya sea personal o laboral: **¿Estás aplicando estos principios en tu día a día? ¿Qué medidas adicionales podrías tomar para mejorar la seguridad?**

CAPÍTULO 3: TÉCNICAS DE CIBERSEGURIDAD

En los capítulos anteriores, hemos explorado los fundamentos de la ciberseguridad y los principios que sustentan la protección de la información. Ahora, profundizaremos en las técnicas y herramientas que permiten llevar esos principios a la práctica. ¿Cómo podemos aplicar estos conceptos para proteger sistemas y redes en el mundo real?

Este capítulo se centrará en tres áreas clave:

- **Criptografía**: La ciencia de proteger la información mediante técnicas de cifrado.
- **Firewalls, IDS/IPS y VPNs**: Herramientas esenciales para controlar y monitorear el tráfico de red.
- **Técnicas de autenticación y control de acceso**: Mecanismos para garantizar que solo los usuarios autorizados accedan a recursos específicos.

Al final, incluiremos un ejercicio práctico para consolidar el aprendizaje.

Criptografía: Conceptos, Algoritmos y Claves

¿Qué es la criptografía?

La criptografía es la práctica y estudio de técnicas para asegurar la comunicación en presencia de terceros adversarios. Su objetivo principal es garantizar la **confidencialidad**, **integridad**, **autenticación** y **no repudio** de la información.

Pero, ¿por qué es tan crucial la criptografía en el mundo digital? Considera la cantidad de datos sensibles que se transmiten a través de internet: transacciones bancarias, correos electrónicos privados, datos personales, entre otros. Sin mecanismos que protejan esta información, sería vulnerable a interceptaciones y accesos no autorizados.

Conceptos básicos

Cifrado y descifrado

- **Cifrado**: Proceso de transformar información legible (texto plano) en una forma ilegible (texto cifrado) utilizando un algoritmo y una clave.

- **Descifrado**: Proceso inverso, donde se convierte el texto cifrado de vuelta al texto plano original utilizando una clave.

Claves criptográficas

Las claves son piezas esenciales en los procesos de cifrado y descifrado. Pueden ser:

- **Claves simétricas**: La misma clave se utiliza tanto para cifrar como para descifrar. Este método es rápido y eficiente, pero plantea desafíos en la distribución segura de la clave.

- **Claves asimétricas**: Se utilizan dos claves diferentes pero matemáticamente relacionadas: una clave pública (que se puede compartir abiertamente) y una clave privada (que se mantiene en secreto). Este enfoque resuelve el problema de la distribución de claves, pero es más lento en comparación con el cifrado simétrico.

Algoritmos criptográficos

Cifrado simétrico

- **AES (Advanced Encryption Standard)**: Estándar de cifrado ampliamente utilizado que ofrece un alto nivel de seguridad y eficiencia. AES utiliza tamaños de clave de 128, 192 o 256 bits.

- **DES (Data Encryption Standard) y 3DES**: Algoritmos más antiguos. DES ya no se considera seguro debido a su corta longitud de clave (56 bits), pero 3DES, que aplica DES tres veces, aún se utiliza en ciertos contextos.

Cifrado asimétrico

- **RSA**: Uno de los primeros y más utilizados algoritmos de clave pública. Su seguridad se basa en la dificultad de factorizar números grandes.

- **ECC (Elliptic Curve Cryptography)**: Utiliza propiedades de curvas elípticas para crear claves más pequeñas pero igualmente seguras que las de RSA, lo que resulta en mayor eficiencia.

Funciones hash

Las funciones hash convierten datos de cualquier tamaño en una cadena fija de caracteres. Son fundamentales para garantizar la integridad de los datos.

- **MD5**: Algoritmo hash de 128 bits. Ya no se considera seguro para aplicaciones críticas debido a vulnerabilidades encontradas.

- **SHA (Secure Hash Algorithm)**: Incluye variantes como SHA-1, SHA-256 y SHA-3. SHA-256 y SHA-3 se consideran seguros y son ampliamente utilizados.

Aplicaciones de la criptografía

- **Comunicación segura**: Protocolos como SSL/TLS utilizan criptografía para asegurar conexiones web.
- **Firmas digitales**: Garantizan la autenticidad y la integridad de documentos electrónicos.
- **Almacenamiento seguro**: Cifrado de discos y archivos para proteger datos en reposo.

Desafíos y consideraciones

La criptografía es poderosa, pero su eficacia depende de una implementación correcta. ¿Qué sucede si las claves se gestionan de manera inapropiada o si los algoritmos se configuran incorrectamente?

- **Gestión de claves**: Es crucial proteger las claves privadas y asegurarse de que las claves públicas sean auténticas.
- **Algoritmos obsoletos**: El uso de algoritmos anticuados puede comprometer la seguridad. Es esencial mantenerse actualizado sobre las recomendaciones actuales.
- **Amenazas cuánticas**: La computación cuántica podría romper ciertos algoritmos actuales. ¿Cómo nos preparamos para este futuro?

Firewalls, IDS/IPS y VPNs

Firewalls

¿Qué es un firewall?

Un firewall es un dispositivo o software que controla el tráfico de red entrante y saliente basado en reglas de seguridad predefinidas. Actúa como una barrera entre redes seguras e inseguras (como internet).

Tipos de firewalls

- **Firewalls de filtrado de paquetes**: Analizan paquetes individuales y los permiten o bloquean según reglas básicas.
- **Firewalls de estado**: Mantienen información sobre el estado de las conexiones y pueden tomar decisiones más informadas.
- **Firewalls de próxima generación (NGFW)**: Incluyen características avanzadas como inspección profunda de paquetes, prevención de intrusiones y control de aplicaciones.

Sistemas de Detección y Prevención de Intrusos (IDS/IPS)

¿Qué son IDS y IPS?

- **IDS (Sistema de Detección de Intrusos)**: Monitorea el tráfico de red o sistema en busca de actividades maliciosas o violaciones de políticas y genera alertas.
- **IPS (Sistema de Prevención de Intrusos)**: Similar al IDS, pero además de detectar, puede tomar medidas para bloquear o prevenir actividades sospechosas.

¿Por qué son importantes?

Los IDS/IPS añaden una capa adicional de seguridad al detectar patrones de ataque conocidos y comportamientos anómalos. ¿Cómo podemos detectar amenazas que el firewall puede pasar por alto?

Redes Privadas Virtuales (VPNs)

¿Qué es una VPN?

Una VPN es una conexión segura y cifrada entre dos redes o entre un usuario individual y una red. Permite transmitir datos de manera segura a través de redes públicas.

Usos comunes

- **Acceso remoto seguro**: Permite a los empleados conectarse a la red corporativa desde ubicaciones remotas.
- **Conexión entre sedes**: Conecta oficinas en diferentes ubicaciones geográficas.
- **Privacidad en línea**: Los usuarios pueden ocultar su dirección IP y actividad en línea.

Protocolos de VPN

- **IPsec (Internet Protocol Security)**: Proporciona autenticación y cifrado a nivel de red.
- **SSL/TLS VPNs**: Operan a nivel de capa de transporte, facilitando el acceso a través de navegadores web sin necesidad de software adicional.

Integración de estas herramientas

La combinación de firewalls, IDS/IPS y VPNs fortalece significativamente la postura de seguridad de una organización. Sin embargo, su configuración y gestión adecuadas son cruciales. ¿Qué consideraciones debemos tener al implementar estas herramientas?

- **Definición clara de políticas**: Establecer reglas coherentes y actualizadas.
- **Monitorización continua**: Revisar regularmente logs y alertas para detectar y responder a incidentes.
- **Actualizaciones y parches**: Mantener el software y hardware al día para proteger contra vulnerabilidades conocidas.

Técnicas de Autenticación y Control de Acceso

Autenticación

La autenticación es el proceso de verificar la identidad de un usuario o sistema. ¿Cómo podemos estar seguros de que alguien es quien dice ser?

Factores de autenticación

1. **Algo que sabes**: Contraseñas o PINs.
2. **Algo que tienes**: Tarjetas inteligentes, tokens.
3. **Algo que eres**: Características biométricas como huellas dactilares o reconocimiento facial.

Utilizar múltiples factores (MFA - Autenticación Multifactor) aumenta significativamente la seguridad. ¿Has considerado qué tan segura es una cuenta protegida solo por una contraseña?

Control de acceso

Una vez autenticado el usuario, el control de acceso determina qué recursos puede utilizar. Existen varios modelos:

Control de Acceso Discrecional (DAC)

El propietario de los recursos define quién tiene acceso. Es flexible pero puede ser menos seguro si no se administra adecuadamente.

Control de Acceso Basado en Roles (RBAC)

Los permisos se asignan a roles en lugar de a usuarios individuales. Los usuarios adquieren permisos al ser asignados a roles específicos. Este modelo es escalable y facilita la gestión en organizaciones grandes.

Control de Acceso Basado en Atributos (ABAC)

Las decisiones de acceso se basan en atributos del usuario, del recurso y del entorno (por ejemplo, hora del día, ubicación). Ofrece mayor granularidad y flexibilidad.

Principio de Mínimo Privilegio

Este principio establece que los usuarios deben tener solo los privilegios necesarios para realizar sus funciones y nada más. ¿Qué riesgos existen al otorgar más permisos de los necesarios?

- **Reducción de superficie de ataque**: Menos privilegios significan menos oportunidades para que un atacante explote.
- **Mitigación de errores humanos**: Disminuye el impacto de acciones accidentales.

Gestión de Identidades y Accesos (IAM)

IAM es un marco de políticas y tecnologías para garantizar que las personas adecuadas tengan acceso adecuado a los recursos tecnológicos. Incluye procesos como:

- **Provisionamiento y desaprovisionamiento de cuentas**: Crear y eliminar cuentas de usuario.
- **Revisión de accesos**: Auditorías regulares para verificar que los permisos son apropiados.
- **Autenticación y autorización centralizadas**: Utilizar sistemas como Active Directory o LDAP.

Ejercicio Práctico: Configuración Básica de un Firewall

Para consolidar lo aprendido, realizaremos un ejercicio práctico que ilustra cómo configurar reglas básicas en un firewall.

Escenario

Eres el administrador de sistemas de una pequeña empresa. Necesitas configurar el firewall de red para permitir solo el tráfico necesario y bloquear accesos no autorizados.

Objetivos

1. **Permitir**: Tráfico HTTP (puerto 80) y HTTPS (puerto 443) hacia el servidor web interno desde internet.

2. **Permitir**: Acceso SSH (puerto 22) al servidor solo desde la red interna.
3. **Bloquear**: Todo tráfico entrante no especificado.
4. **Permitir**: Todo tráfico saliente desde la red interna hacia internet.

Pasos

1. **Acceder a la interfaz de administración del firewall**: Esto puede ser a través de una interfaz web o línea de comandos, según el dispositivo.
2. **Crear reglas de entrada (Inbound Rules)**:
   - **Regla 1**:
     - **Origen**: Cualquier dirección (any) (internet).
     - **Destino**: Dirección IP del servidor web.
     - **Puerto**: 80 (HTTP).
     - **Acción**: Permitir.
   - **Regla 2**:
     - **Origen**: Cualquier dirección (any) (internet).
     - **Destino**: Dirección IP del servidor web.
     - **Puerto**: 443 (HTTPS).
     - **Acción**: Permitir.
   - **Regla 3**:
     - **Origen**: Red interna (por ejemplo, 192.168.1.0/24).
     - **Destino**: Dirección IP del servidor.
     - **Puerto**: 22 (SSH).
     - **Acción**: Permitir.

- **Regla 4**:
  - **Acción predeterminada**: Bloquear todo tráfico entrante no especificado.

3. **Crear reglas de salida (Outbound Rules)**:
   - **Regla 1**:
     - **Origen**: Red interna.
     - **Destino**: Cualquier dirección (any).
     - **Puerto**: Todos.
     - **Acción**: Permitir.

4. **Guardar y aplicar la configuración.**

Verificación

- **Prueba de acceso externo**: Desde una ubicación externa, verifica que puedes acceder al sitio web a través de HTTP y HTTPS.

- **Prueba de acceso SSH**: Desde la red interna, intenta acceder al servidor vía SSH. Desde una red externa, verifica que el acceso SSH está bloqueado.

- **Escaneo de puertos**: Utiliza una herramienta para escanear los puertos abiertos en el servidor y asegúrate de que solo los puertos especificados están accesibles.

Reflexión

Al configurar el firewall, hemos aplicado el principio de mínimo privilegio y controlado el acceso a servicios específicos. ¿Qué pasaría si olvidamos bloquear el tráfico entrante no especificado? ¿Cómo podría un atacante aprovechar esta omisión?

Las técnicas de ciberseguridad que hemos explorado en este capítulo son fundamentales para proteger sistemas y redes.

La criptografía nos permite asegurar la confidencialidad y la integridad de la información. Los firewalls, IDS/IPS y VPNs son herramientas esenciales para controlar el tráfico y detectar amenazas. Las técnicas de autenticación y control de acceso garantizan que solo las personas adecuadas accedan a los recursos necesarios.

Es importante recordar que la seguridad no es un estado estático, sino un proceso continuo. Requiere actualización constante, monitoreo y adaptación a nuevas amenazas. Al aplicar estas técnicas y mantenernos informados, fortalecemos nuestra capacidad para protegernos en el entorno digital.

CAPÍTULO 4: EVALUACIÓN DE VULNERABILIDADES Y PENETRATION TESTING

En el mundo de la ciberseguridad, identificar y corregir vulnerabilidades antes de que puedan ser explotadas por actores malintencionados es esencial. Pero, ¿cómo podemos descubrir estas debilidades en nuestros sistemas y redes? La evaluación de vulnerabilidades y el **penetration testing** (pruebas de penetración) son técnicas clave que nos permiten anticiparnos a posibles ataques, fortaleciendo nuestra postura de seguridad.

En este capítulo, exploraremos las metodologías y prácticas utilizadas para identificar vulnerabilidades, cómo se llevan a cabo las pruebas de penetración de manera ética y profesional, y la importancia de la corrección y el reporte adecuado de las vulnerabilidades encontradas.

Evaluación de Vulnerabilidades

¿Qué es una evaluación de vulnerabilidades?

Una evaluación de vulnerabilidades es el proceso sistemático de identificar, clasificar y priorizar las debilidades de seguridad en sistemas informáticos, redes y aplicaciones. Este proceso nos permite entender dónde están las brechas y qué tan críticas son, para poder abordarlas de manera efectiva.

¿Por qué es importante realizar evaluaciones de vulnerabilidades regularmente? Porque las amenazas evolucionan constantemente, y nuevos fallos pueden surgir con actualizaciones de software, cambios en la configuración o la introducción de nuevos sistemas.

Pasos en la evaluación de vulnerabilidades

1. **Planificación y preparación**

Antes de iniciar, es fundamental definir el alcance de la evaluación. ¿Qué sistemas y redes serán analizados? ¿Cuáles son los objetivos? Además, es importante obtener las autorizaciones necesarias y establecer acuerdos de confidencialidad si es aplicable.

2. **Recopilación de información**

Se recolectan datos sobre los sistemas, incluyendo detalles técnicos, topologías de red y configuraciones. ¿Qué información pública está disponible sobre nuestra infraestructura que un atacante podría utilizar?

3. **Escaneo de vulnerabilidades**

Utilizando herramientas especializadas, se realiza un análisis automatizado para identificar posibles vulnerabilidades conocidas. Estas herramientas comparan los sistemas contra bases de datos de vulnerabilidades conocidas, como CVE (Common Vulnerabilities and Exposures).

4. **Análisis y validación**

No todas las vulnerabilidades detectadas son relevantes o explotables. Es necesario analizar los resultados para eliminar falsos positivos y priorizar las vulnerabilidades según su criticidad. ¿Cuál es el impacto potencial de cada vulnerabilidad?

¿Qué tan probable es que sea explotada?

5. **Reporte de resultados**

Se elabora un informe detallado que incluye las vulnerabilidades encontradas, su nivel de riesgo, y recomendaciones para su mitigación. Este informe debe ser claro y accesible tanto para técnicos como para la dirección.

Herramientas comunes para la evaluación de vulnerabilidades

- **Nessus**
- **OpenVAS**
- **QualysGuard**
- **Rapid7 Nexpose**

Estas herramientas automatizan gran parte del proceso y proporcionan informes detallados. Sin embargo, es importante complementar los escaneos automatizados con análisis manuales para una evaluación más completa.

Consideraciones éticas y legales

Realizar evaluaciones de vulnerabilidades sin el consentimiento adecuado es ilegal y poco ético. Siempre se debe contar con la autorización explícita de los propietarios de los sistemas. Además, es esencial proteger la confidencialidad de la información recopilada durante el proceso.

Penetration Testing (Pruebas de Penetración)

¿Qué es el penetration testing?

El **penetration testing** es una técnica que simula ataques reales contra sistemas y redes para identificar vulnerabilidades explotables. A diferencia de la evaluación de vulnerabilidades, que es principalmente pasiva y automatizada, las pruebas de penetración son activas y pueden involucrar técnicas avanzadas para intentar "romper" las defensas.

¿Por qué realizar pruebas de penetración? Porque nos permiten entender cómo un atacante podría explotar las vulnerabilidades y hasta dónde podría llegar dentro de nuestros sistemas. Esto proporciona una visión más profunda de los riesgos y ayuda a priorizar las medidas de seguridad.

Metodologías de penetration testing

Existen varias metodologías reconocidas que proporcionan marcos estructurados para realizar pruebas de penetración de manera efectiva y ética.

1. OSSTMM (Open Source Security Testing Methodology Manual)

Proporciona una guía detallada para realizar pruebas de seguridad en diferentes áreas, incluyendo redes, aplicaciones y procesos humanos. Se centra en la medición objetiva y cuantitativa de la seguridad.

2. OWASP (Open Web Application Security Project) Testing Guide

Enfocada en la seguridad de aplicaciones web, esta guía proporciona una metodología para identificar y explotar vulnerabilidades en aplicaciones web, siguiendo las mejores prácticas.

3. NIST SP 800-115 (Technical Guide to Information Security Testing and Assessment)

Ofrece directrices para realizar pruebas de seguridad en sistemas de información, incluyendo planificación, ejecución y post-análisis.

Fases de una prueba de penetración

  1. Planificación y reconocimiento

Se define el alcance, los objetivos y las reglas de compromiso. Se recopila información sobre el objetivo a través de técnicas de **reconocimiento pasivo** (investigación pública) y **reconocimiento activo** (escaneos y sondeos directos).

2. **Análisis y escaneo**

Se utilizan herramientas para identificar puertos abiertos, servicios activos y posibles vulnerabilidades. ¿Qué sistemas están expuestos y qué debilidades presentan?

3. **Ganancia de acceso**

Se intentan explotar las vulnerabilidades identificadas para obtener acceso no autorizado. Esto puede implicar el uso de exploits conocidos o el desarrollo de nuevos métodos.

4. **Mantener el acceso**

Si se obtiene acceso, se exploran formas de mantenerlo para simular ataques persistentes. Esto ayuda a evaluar la capacidad de detección y respuesta de la organización.

5. **Análisis y reporte**

Se documentan los hallazgos, incluyendo cómo se explotaron las vulnerabilidades y qué datos se pudieron acceder. Se proporcionan recomendaciones detalladas para corregir los problemas.

Tipos de pruebas de penetración

- **Caja Negra**: El evaluador no tiene información previa sobre el sistema. Simula a un atacante externo sin conocimiento interno.

- **Caja Gris**: El evaluador tiene información limitada, como credenciales de usuario estándar. Simula a un atacante con acceso parcial o interno.

- **Caja Blanca**: El evaluador tiene acceso completo a información interna, como código fuente y diagramas de red. Permite una evaluación más exhaustiva.

Herramientas comunes para pruebas de penetración

- **Metasploit Framework**: Plataforma para desarrollar y ejecutar exploits.
- **Burp Suite**: Herramienta para pruebas de seguridad en aplicaciones web.
- **Nmap**: Escáner de puertos y servicios.
- **Wireshark**: Analizador de tráfico de red.

Ética y profesionalismo en pruebas de penetración

Realizar pruebas de penetración requiere un alto nivel de ética y profesionalismo. Es fundamental:

- **Obtener autorización**: Siempre trabajar con el consentimiento explícito y por escrito de los propietarios de los sistemas.
- **Respetar los límites**: Ceñirse al alcance definido y no exceder las actividades permitidas.
- **Proteger la confidencialidad**: Manejar la información sensible con cuidado y asegurar su protección.
- **Minimizar el impacto**: Evitar acciones que puedan interrumpir servicios o causar daños.

¿Qué consecuencias pueden surgir si no se siguen estas prácticas? Además de riesgos legales, se puede dañar la confianza y la reputación profesional.

Corrección y Reporte de Vulnerabilidades

Importancia de la corrección oportuna

Identificar vulnerabilidades es solo el primer paso. Sin una corrección efectiva, las vulnerabilidades permanecen y pueden ser explotadas. Es crucial priorizar las acciones de remediación basadas en el riesgo que representan.

Pasos para la corrección

1. Análisis de riesgos

Evaluar el impacto y la probabilidad de explotación de cada vulnerabilidad. ¿Qué tan crítico es el riesgo para la organización?

2. Desarrollo de un plan de acción

Establecer un plan detallado que incluya las medidas necesarias, responsables y plazos para la corrección.

3. Implementación de soluciones

Puede implicar aplicar parches, configurar sistemas adecuadamente, actualizar software o modificar políticas.

4. Verificación

Después de la corrección, es importante verificar que la vulnerabilidad ha sido efectivamente resuelta. ¿Se ha eliminado el riesgo o persiste?

5. Documentación

Registrar las acciones tomadas y actualizar los registros de seguridad. Esto es útil para auditorías y para mejorar procesos futuros.

Reporte de vulnerabilidades

Un buen reporte es esencial para comunicar los hallazgos de manera clara y efectiva. Debe incluir:

- **Resumen ejecutivo**

Una visión general de los hallazgos y recomendaciones clave, dirigido a la dirección.

- **Detalles técnicos**

Información específica sobre cada vulnerabilidad, incluyendo:

- Descripción
- Impacto
- Evidencia (capturas de pantalla, logs)
- Pasos para reproducir
- Recomendaciones para la corrección

- **Prioridades y plazos**

Sugerencias sobre el orden y la urgencia de las correcciones.

Comunicación con el equipo

Es importante presentar los hallazgos de manera constructiva, evitando culpar o señalar. El objetivo es mejorar la seguridad colectiva. ¿Cómo podemos fomentar una cultura de colaboración y mejora continua?

Caso Práctico: Simulación de una Prueba de Penetración Ética

Escenario

Una empresa de comercio electrónico desea evaluar la seguridad de su plataforma en línea. Han contratado tus servicios como profesional de ciberseguridad para realizar una prueba de penetración.

Pasos Seguidos

1. **Planificación**
   - Se define el alcance: la aplicación web pública.
   - Se establecen las reglas de compromiso: pruebas en horarios fuera de pico, informar inmediatamente si se descubre una brecha crítica.

2. **Reconocimiento**
   - Se identifica que la aplicación utiliza un framework web conocido.

- Se recopila información sobre las tecnologías y versiones utilizadas.

3. **Análisis y Escaneo**
   - Se realiza un escaneo con herramientas como Burp Suite y Nmap.
   - Se detecta una vulnerabilidad potencial de inyección SQL en uno de los formularios.

4. **Explotación**
   - Se valida la vulnerabilidad de manera controlada, confirmando que es posible extraer datos de la base de datos.
   - Se detiene la explotación para no comprometer datos sensibles.

5. **Reporte y Corrección**
   - Se informa inmediatamente al equipo de seguridad sobre la vulnerabilidad crítica.
   - Se trabaja conjuntamente para corregir el fallo, actualizando el código y aplicando medidas de validación de entradas.

6. **Verificación**
   - Después de la corrección, se vuelve a probar el formulario para asegurar que la vulnerabilidad ha sido eliminada.

Reflexión

Este caso ilustra cómo una prueba de penetración ética puede identificar y ayudar a corregir vulnerabilidades críticas antes de que sean explotadas por atacantes malintencionados. También destaca la importancia de la colaboración y la comunicación efectiva entre el profesional de seguridad y el equipo de desarrollo.

Conclusión

La evaluación de vulnerabilidades y las pruebas de penetración son componentes esenciales en una estrategia de ciberseguridad proactiva. Al identificar y corregir debilidades antes de que puedan ser explotadas, fortalecemos la resiliencia de nuestros sistemas y protegemos los datos y la confianza de nuestros usuarios.

Es fundamental abordar estas actividades con ética y profesionalismo, respetando las consideraciones legales y la confidencialidad de la información. Al integrar estas prácticas en nuestros procesos regulares, no solo respondemos a las amenazas actuales, sino que también nos preparamos para enfrentar los desafíos futuros en el dinámico panorama de la ciberseguridad.

CAPÍTULO 5: ANÁLISIS DE MALWARE

En el vasto mundo de la ciberseguridad, el malware se destaca como una de las amenazas más persistentes y peligrosas. Pero, ¿qué es exactamente el malware y cómo podemos protegernos de él? En este capítulo, exploraremos en profundidad los diferentes tipos de malware, las técnicas utilizadas para analizarlos y las estrategias efectivas para mitigar sus efectos.

Tipos de Malware

El término *malware* proviene de "malicious software" (software malicioso) y se refiere a cualquier programa o código diseñado para dañar, interrumpir o acceder sin autorización a sistemas informáticos. Comprender los distintos tipos de malware es fundamental para desarrollar defensas efectivas.

Virus

Un virus es un tipo de malware que se adjunta a programas o archivos legítimos y se propaga cuando el usuario ejecuta el programa infectado. Los virus pueden dañar archivos, afectar el rendimiento del sistema y propagarse a otros dispositivos.

Gusanos (Worms)

A diferencia de los virus, los gusanos pueden propagarse automáticamente sin necesidad de interacción humana o archivos anfitriones. Explotan vulnerabilidades en sistemas operativos y redes para replicarse y causar congestión en el tráfico.

Troyanos

Los troyanos se presentan como software legítimo o útil para engañar a los usuarios y lograr su instalación. Una vez dentro, pueden crear puertas traseras, robar información o permitir el control remoto del sistema. ¿Qué precauciones debemos tomar al descargar e instalar software desconocido?

Ransomware

El ransomware cifra los archivos de la víctima y exige un pago, generalmente en criptomonedas, para restaurar el acceso. Ataques como *WannaCry* y *Petya* han afectado a miles de organizaciones en todo el mundo, generando pérdidas millonarias.

Spyware

El spyware es software que recopila información sobre el usuario sin su conocimiento. Puede registrar pulsaciones de teclas (keyloggers), capturar contraseñas y monitorear la actividad en línea, violando la privacidad del individuo.

Adware

El adware muestra anuncios no deseados y puede redirigir el navegador a sitios web maliciosos. Aunque a veces se considera menos peligroso, puede abrir puertas a otras formas de malware y afectar la experiencia del usuario.

Rootkits

Los rootkits son conjuntos de herramientas diseñadas para otorgar acceso privilegiado a un atacante y ocultar su presencia en el sistema. Pueden modificar el sistema operativo y evadir la detección de software de seguridad.

Botnets

Una botnet es una red de computadoras infectadas, controladas de forma remota por un atacante. Estas redes se utilizan para realizar ataques coordinados, como DDoS (Denegación de Servicio Distribuido), enviar spam o propagar más malware.

Análisis de Malware

El análisis de malware es el proceso de estudiar software malicioso para entender su funcionalidad, origen y cómo contrarrestarlo. Existen dos enfoques principales: el análisis estático y el análisis dinámico.

Análisis Estático

Definición

El análisis estático implica examinar el malware sin ejecutarlo. Se analiza el código fuente o el binario para identificar sus características y comportamientos potenciales.

Técnicas

- **Desensamblado**: Convierte el código máquina en código ensamblador legible, permitiendo entender las instrucciones que ejecuta el malware.
- **Descompilación**: Intenta reconstruir el código fuente de alto nivel a partir del binario.
- **Análisis de cadenas**: Busca cadenas de texto en el binario que puedan revelar información sobre sus funciones o conexiones.

Ventajas y Limitaciones

- **Ventajas**:
  - No hay riesgo de que el malware se ejecute

y cause daño.
- Permite identificar firmas y patrones que pueden ser útiles para detección.

- **Limitaciones:**
  - No revela comportamientos que solo ocurren en tiempo de ejecución.
  - Puede ser difícil si el malware utiliza técnicas de ofuscación o empaquetado.

Análisis Dinámico

Definición

El análisis dinámico implica ejecutar el malware en un entorno controlado para observar su comportamiento en tiempo real.

Entornos de Análisis

- **Máquinas Virtuales (VMs):** Simulan un sistema operativo completo aislado del hardware real.
- **Sandboxes:** Entornos diseñados para ejecutar aplicaciones de manera segura y monitorear sus actividades.

Técnicas

- **Monitoreo de procesos:** Observa los procesos creados, modificados o terminados.
- **Análisis de red:** Captura y analiza el tráfico de red generado por el malware.
- **Registro de actividad del sistema:** Detecta cambios en el sistema de archivos, registro y configuración.

Ventajas y Limitaciones

- **Ventajas:**
  - Permite observar acciones que solo ocurren durante la ejecución.

- Identifica comportamientos evasivos o condicionados.
- **Limitaciones**:
  - Riesgo de que el malware detecte el entorno de análisis y modifique su comportamiento.
  - Requiere medidas adicionales para garantizar que el malware no escape del entorno controlado.

Métodos de Mitigación y Protección

Prevención

Actualizaciones y Parches

Mantener el software y sistemas operativos actualizados es fundamental para cerrar vulnerabilidades que el malware puede explotar. **¿Con qué frecuencia revisamos y aplicamos actualizaciones en nuestros sistemas?**

Software de Seguridad

- **Antivirus y Antimalware**: Proporcionan protección en tiempo real y detección basada en firmas y comportamientos sospechosos.
- **Firewalls**: Controlan el tráfico entrante y saliente, bloqueando conexiones no autorizadas.

Buenas Prácticas

- **Descargas Seguras**: Obtener software solo de fuentes confiables.
- **No Abrir Archivos Adjuntos Sospechosos**: Evitar abrir correos electrónicos o enlaces de remitentes desconocidos.
- **Educación y Conciencia**: Capacitar a los usuarios sobre las amenazas y cómo reconocerlas.

Detección

Sistemas de Detección de Intrusos (IDS)

Monitorean el tráfico y las actividades del sistema en busca de patrones que indiquen la presencia de malware.

Análisis de Comportamiento

Detectan actividades anómalas que pueden indicar una infección, como el aumento inesperado en el uso de recursos o conexiones a dominios sospechosos.

Respuesta y Recuperación

Aislamiento

Si se detecta una infección, es crucial aislar el sistema afectado para evitar la propagación a otros dispositivos.

Eliminación del Malware

Utilizar herramientas especializadas para eliminar el malware y limpiar el sistema.

Restauración de Datos

Recuperar datos de copias de seguridad seguras si los archivos han sido dañados o cifrados.

Revisión y Mejora

Después de un incidente, es importante analizar cómo ocurrió y qué medidas adicionales pueden implementarse para prevenir futuros ataques.

Caso Práctico: El Ataque de Ransomware WannaCry

Contexto

En mayo de 2017, el ransomware WannaCry se propagó rápidamente a nivel mundial, afectando a más de 200,000 computadoras en 150 países, incluyendo hospitales, empresas y servicios públicos.

Mecanismo de Ataque

- **Explotación de Vulnerabilidad**: WannaCry aprovechó una vulnerabilidad en el protocolo SMB de Windows (EternalBlue) para propagarse.
- **Cifrado de Archivos**: Una vez infectado, cifraba los archivos del usuario y mostraba una nota de rescate.
- **Propagación Automática**: Se propagaba a otros sistemas vulnerables en la misma red.

Impacto

- **Interrupción de Servicios**: Hospitales en el Reino Unido tuvieron que posponer cirugías y desviar ambulancias.
- **Pérdidas Financieras**: Las empresas afectadas sufrieron pérdidas por interrupción de negocios y costos de recuperación.
- **Concientización Global**: Destacó la importancia de mantener sistemas actualizados y las consecuencias de no hacerlo.

Análisis y Lecciones Aprendidas

- **Importancia de las Actualizaciones**: Microsoft había lanzado un parche dos meses antes del ataque, pero muchos sistemas no fueron actualizados.
- **Colaboración en Ciberseguridad**: Investigadores descubrieron un "interruptor de apagado" que frenó la propagación.
- **Necesidad de Copias de Seguridad**: Las organizaciones con copias de seguridad actualizadas pudieron recuperarse más rápidamente.

Reflexión Sobre el Futuro del Malware

El malware continúa evolucionando, utilizando técnicas más

sofisticadas como la ofuscación, polimorfismo y explotación de nuevas plataformas como dispositivos móviles e IoT. **¿Estamos preparados para enfrentar estas amenazas emergentes?** La respuesta requiere una combinación de tecnología avanzada, educación continua y colaboración entre sectores.

Conclusión

El análisis de malware es una disciplina esencial en la ciberseguridad. Comprender los tipos de malware y sus métodos de operación nos permite desarrollar estrategias efectivas para prevenir, detectar y responder a estas amenazas. Al mantenernos informados y proactivos, podemos proteger mejor nuestros sistemas y datos en un entorno digital en constante cambio.

CAPÍTULO 6: RESPUESTA A INCIDENTES Y RECUPERACIÓN

En el ámbito de la ciberseguridad, es inevitable que, a pesar de las mejores prácticas y medidas preventivas, ocurran incidentes de seguridad. La pregunta no es si sucederán, sino cuándo. Por ello, es esencial estar preparados para responder de manera efectiva y minimizar el impacto de estos eventos. **¿Cómo podemos asegurarnos de que nuestra organización está lista para enfrentar y recuperarse de un incidente de seguridad?**

En este capítulo, exploraremos las fases clave de la respuesta a incidentes, cómo organizar y equipar un equipo de respuesta efectivo, y las mejores prácticas para la recuperación y análisis post-incidente. Al final, comprenderás la importancia de tener un plan de respuesta sólido y estarás mejor preparado para proteger tus activos y datos críticos.

Fases de Respuesta a Incidentes

La respuesta a incidentes es un proceso estructurado que permite manejar eficazmente los eventos de seguridad, reduciendo el daño y acelerando la recuperación. Este proceso generalmente se divide en seis fases:

1. Preparación
2. Identificación (Detección)
3. Contención
4. Erradicación
5. Recuperación
6. Lecciones Aprendidas (Análisis Post-Incidente)

1. Preparación

La preparación es la base de una respuesta efectiva. Incluye:

- **Desarrollo de un Plan de Respuesta a Incidentes (IRP)**: Documento que define procedimientos, roles y responsabilidades.
- **Formación de un Equipo de Respuesta a Incidentes (IRT)**: Grupo multidisciplinario encargado de gestionar los incidentes.
- **Implementación de Herramientas y Tecnologías**: Sistemas de detección, monitoreo y comunicación.
- **Capacitación y Simulacros**: Entrenamiento regular para el personal y realización de ejercicios de simulación.

Reflexión: *¿Tu organización tiene un plan de respuesta actualizado y un equipo preparado?*

2. Identificación (Detección)

En esta fase, se detecta el incidente y se determina su naturaleza y alcance.

- **Monitoreo Continuo**: Uso de sistemas como SIEM (Security Information and Event Management) para detectar actividades anómalas.
- **Notificación**: Establecer canales claros para reportar

incidentes internos y externos.

- **Análisis Inicial**: Evaluar rápidamente la información para confirmar si se trata de un incidente de seguridad.

Caso Práctico: *Un administrador detecta tráfico inusual en el servidor web fuera del horario laboral. ¿Cuál debería ser su siguiente paso?*

3. Contención

El objetivo es limitar el alcance y evitar una mayor propagación o daño.

- **Contención Inmediata**: Acciones rápidas para aislar sistemas afectados (por ejemplo, desconectar de la red).
- **Contención a Corto Plazo**: Soluciones temporales que permiten continuar operando mientras se investiga más a fondo.
- **Contención a Largo Plazo**: Medidas más permanentes, como aplicar parches o modificar configuraciones.

Consideración: *¿Cómo equilibramos la necesidad de detener el ataque con la continuidad del negocio?*

4. Erradicación

Se elimina la causa raíz del incidente y se asegura que los sistemas estén libres de amenazas.

- **Eliminación del Malware**: Uso de herramientas para limpiar sistemas infectados.
- **Cierre de Vulnerabilidades**: Aplicación de parches, actualización de software y corrección de configuraciones.

- **Investigación Forense**: Análisis detallado para entender cómo ocurrió el incidente y prevenir recurrencias.

Pregunta Clave: *¿Cómo asegurarnos de que la amenaza ha sido completamente eliminada?*

5. Recuperación

Se restauran los sistemas y operaciones a su estado normal.

- **Restauración de Sistemas**: Reinstalación y configuración de sistemas afectados.
- **Verificación de Funcionalidad**: Pruebas para asegurar que todo funciona correctamente y de manera segura.
- **Monitoreo Adicional**: Vigilancia cercana de los sistemas restaurados para detectar cualquier actividad anómala.

Escenario: *Después de un ataque, la empresa decide restaurar desde una copia de seguridad. ¿Qué consideraciones deben tenerse en cuenta para evitar reintroducir la amenaza?*

6. Lecciones Aprendidas (Análisis Post-Incidente)

Una vez resuelto el incidente, es crucial analizar lo sucedido para mejorar futuras respuestas.

- **Reunión Post-Incidente**: Reunir al equipo para discutir lo ocurrido, lo que funcionó y lo que no.
- **Documentación Detallada**: Registrar todos los aspectos del incidente y la respuesta.
- **Actualización de Planes y Procedimientos**: Incorporar las lecciones aprendidas en el IRP y capacitar al personal en consecuencia.

Reflexión Final: *¿Cómo podemos convertir una experiencia* *negativa en una oportunidad de mejora y fortalecimiento?*

Cómo Organizar un Equipo de Respuesta a Incidentes

El éxito en la respuesta a incidentes depende en gran medida de contar con un equipo bien estructurado y capacitado. **¿Qué elementos son esenciales para conformar un equipo efectivo?**

Composición del Equipo

- **Coordinador de Respuesta a Incidentes**: Lidera el equipo y coordina las acciones.
- **Analistas Técnicos**: Expertos en sistemas, redes y seguridad que investigan y resuelven problemas técnicos.
- **Especialistas Legales**: Aconsejan sobre implicaciones legales y cumplimiento normativo.
- **Relaciones Públicas**: Gestionan la comunicación externa y protegen la reputación de la organización.
- **Recursos Humanos**: Manejan asuntos relacionados con el personal, especialmente si hay implicaciones internas.

Roles y Responsabilidades

- **Definición Clara**: Cada miembro debe entender sus funciones específicas.
- **Capacitación Continua**: Mantener al equipo actualizado sobre nuevas amenazas y técnicas.
- **Simulacros y Ejercicios**: Practicar escenarios de incidentes para mejorar la coordinación y respuesta.

Comunicación Efectiva

- **Protocolos de Comunicación**: Establecer canales seguros y métodos de notificación.
- **Escalamiento**: Definir cuándo y cómo se informa a la alta dirección y otras partes interesadas.
- **Colaboración**: Fomentar una cultura de cooperación entre departamentos.

Recuperación y Análisis Post-Incidente

Una vez que el incidente ha sido contenido y erradicado, la atención se centra en restaurar las operaciones normales y aprender de la experiencia.

Pasos para una Recuperación Efectiva

1. **Evaluación de Daños**
   - Determinar el alcance del impacto en sistemas, datos y operaciones.
   - Identificar si se ha comprometido información sensible.

2. **Restauración de Sistemas**
   - Utilizar copias de seguridad verificadas.
   - Asegurarse de que los sistemas estén actualizados y parcheados.

3. **Pruebas de Validación**
   - Realizar pruebas exhaustivas para confirmar que los sistemas funcionan correctamente.
   - Verificar que las vulnerabilidades hayan sido corregidas.

4. **Comunicación con las Partes Afectadas**
   - Informar a clientes, socios y reguladores según sea necesario.
   - Transparencia para mantener la

confianza y cumplir con obligaciones legales.

Análisis Post-Incidente

Objetivos

- **Identificar Causas Raíz**: Entender no solo cómo ocurrió el incidente, sino por qué.
- **Mejorar Procesos**: Ajustar políticas, procedimientos y controles para prevenir futuros incidentes.
- **Fortalecer la Cultura de Seguridad**: Aprender colectivamente y promover prácticas seguras.

Metodología

- **Reunión de Revisión**: Incluir a todos los involucrados para obtener perspectivas diversas.
- **Análisis de Datos**: Revisar logs, registros y evidencias recolectadas.
- **Documentación**: Crear un informe detallado que sirva como referencia futura.

Pregunta para Reflexión: *Después de un incidente, ¿estamos dispuestos a cuestionar nuestros propios procesos y hacer los cambios necesarios, incluso si son difíciles?*

Mejores Prácticas en Respuesta a Incidentes

- **Mantener la Calma**: Una respuesta serena y organizada es más efectiva que acciones precipitadas.
- **Documentar Todo**: Registrar cada paso y decisión facilita el análisis y puede ser crucial en investigaciones legales.

- **Colaboración Externa**: No dudar en buscar ayuda de expertos o informar a las autoridades cuando sea necesario.
- **Actualización Continua**: Revisar y mejorar el plan de respuesta regularmente, adaptándose a nuevas amenazas y cambios en la organización.

Caso Práctico: Respuesta Exitosa a un Ataque de Phishing

Escenario

Una empresa financiera detecta que varios empleados han recibido correos electrónicos de phishing que parecen provenir del departamento de TI, solicitando que restablezcan sus contraseñas a través de un enlace proporcionado.

Respuesta

1. **Identificación**
   - El equipo de seguridad es alertado por un empleado que sospechó del correo.
   - Se confirma que el enlace dirige a un sitio falso diseñado para capturar credenciales.

2. **Contención**
   - Se envía una notificación a todos los empleados advirtiendo del correo malicioso.
   - Se bloquea el dominio falso en los firewalls y sistemas de filtrado de correo.

3. **Erradicación**
   - Se verifica si algún empleado ha ingresado sus credenciales y se fuerza el cambio de contraseñas afectadas.
   - Se monitorea la red en busca de

actividades sospechosas.

4. **Recuperación**
    - Se asegura que no haya accesos no autorizados ni compromisos en los sistemas internos.
    - Se restaura la confianza en los sistemas de correo y comunicación.

5. **Análisis Post-Incidente**
    - Se identifica la necesidad de fortalecer la capacitación en reconocimiento de phishing.
    - Se implementan medidas adicionales, como la autenticación multifactor.

Lecciones Aprendidas

- **Importancia de la Concientización**: La capacitación a los empleados es crucial para la detección temprana.
- **Respuesta Rápida**: La acción inmediata limitó el impacto potencial.
- **Mejora Continua**: El incidente llevó a reforzar las medidas de seguridad existentes.

Reflexión Final

La capacidad de responder eficazmente a los incidentes de seguridad es un componente crítico de la resiliencia organizacional. Al tener un plan bien definido, un equipo preparado y una cultura que valora la seguridad y el aprendizaje continuo, podemos no solo minimizar el impacto de los incidentes, sino también fortalecernos para enfrentar futuros desafíos.

¿Qué pasos concretos puedes tomar hoy para mejorar la preparación de tu organización ante incidentes de seguridad?

CAPÍTULO 7: GESTIÓN DE IDENTIDADES Y ACCESOS

En un mundo donde las amenazas cibernéticas son cada vez más sofisticadas, controlar quién tiene acceso a qué recursos es fundamental para proteger la información y los sistemas críticos. La **Gestión de Identidades y Accesos (IAM, por sus siglas en inglés)** es el conjunto de políticas, procesos y tecnologías que permiten a las organizaciones asegurar que las personas adecuadas tengan el nivel de acceso apropiado a los recursos adecuados en el momento correcto.

Pero, ¿cómo garantizamos que solo las personas autorizadas accedan a información sensible? ¿Y cómo equilibramos la seguridad con la usabilidad para no entorpecer las operaciones diarias?

Este capítulo explorará los conceptos clave de IAM, incluyendo la autenticación multifactor, la gestión de accesos basada en roles y estrategias para prevenir amenazas internas mediante el control de privilegios. Al final, comprenderás cómo implementar prácticas efectivas de gestión de identidades y accesos que fortalezcan la seguridad sin sacrificar la eficiencia.

Autenticación Multifactor (MFA)

¿Qué es la Autenticación Multifactor?

La autenticación multifactor es un método de control de acceso que requiere que el usuario proporcione dos o más factores de autenticación independientes para verificar su identidad. Estos factores generalmente se clasifican en tres categorías:

1. **Algo que sabes**: Contraseñas, PINs.
2. **Algo que tienes**: Tokens físicos, tarjetas inteligentes, dispositivos móviles.
3. **Algo que eres**: Datos biométricos como huellas dactilares, reconocimiento facial o de iris.

Al combinar múltiples factores, se reduce significativamente el riesgo de accesos no autorizados, ya que un atacante tendría que comprometer varios métodos de autenticación simultáneamente.

Importancia de MFA en la Seguridad Actual

Las contraseñas por sí solas ya no son suficientes para proteger las cuentas. Ataques como el phishing, la fuerza bruta y el robo de credenciales han demostrado la vulnerabilidad de depender únicamente de contraseñas.

Imagina que un empleado utiliza la misma contraseña en múltiples servicios y uno de esos servicios sufre una brecha de datos. ¿Qué impediría a un atacante utilizar esas credenciales para acceder a sistemas corporativos? La implementación de MFA añade una capa adicional de protección, ya que incluso si la contraseña es comprometida, el acceso aún requiere factores adicionales.

Implementación de MFA

- **Tokens de Seguridad**: Dispositivos físicos que generan códigos de acceso únicos y temporales.
- **Aplicaciones de Autenticación**: Apps móviles que generan códigos temporales o envían notificaciones push para aprobar accesos.

- **Biometría**: Uso de características físicas únicas del usuario para autenticar, como huellas dactilares o reconocimiento facial.

Al implementar MFA, es importante considerar la experiencia del usuario y elegir métodos que sean seguros pero también convenientes. Por ejemplo, las notificaciones push en aplicaciones móviles son una opción popular por su equilibrio entre seguridad y usabilidad.

Gestión de Accesos Basada en Roles (RBAC)

¿Qué es RBAC?

La Gestión de Accesos Basada en Roles asigna permisos a usuarios en función de sus roles dentro de la organización. En lugar de asignar permisos individuales a cada usuario, se definen roles con conjuntos de permisos específicos, y los usuarios se asignan a estos roles.

Ventajas de RBAC

- **Escalabilidad**: Facilita la administración en organizaciones grandes, ya que los cambios en permisos se realizan a nivel de rol y no de usuario.
- **Consistencia**: Asegura que los usuarios en roles similares tengan los mismos niveles de acceso.
- **Reducción de Errores**: Minimiza el riesgo de asignar accidentalmente permisos incorrectos a un usuario.

Implementación de RBAC

1. **Identificar Roles**: Definir claramente los roles necesarios en la organización y sus responsabilidades.
2. **Asignar Permisos a Roles**: Determinar qué recursos y acciones necesita cada rol.
3. **Asignar Usuarios a Roles**: Asociar a cada usuario

con uno o más roles según sus funciones laborales.

4. **Revisión Regular**: Actualizar roles y permisos conforme cambien las necesidades de la organización.

Por ejemplo, en una empresa puede haber roles como "Administrador de Sistemas", "Desarrollador", "Analista de Datos", cada uno con permisos específicos adaptados a sus necesidades.

Prevención de Amenazas Internas mediante Control de Privilegios

Comprendiendo las Amenazas Internas

Las amenazas internas provienen de empleados, contratistas o cualquier persona con acceso legítimo a los sistemas que, intencionalmente o por negligencia, causa un daño a la organización. Esto puede incluir robo de datos, sabotaje o divulgación no autorizada de información.

Pero, ¿por qué un empleado podría convertirse en una amenaza? Las razones pueden variar desde insatisfacción laboral hasta incentivos financieros ofrecidos por terceros.

Estrategias para Mitigar Amenazas Internas

Principio de Mínimo Privilegio

Este principio establece que los usuarios deben tener solo los permisos necesarios para realizar sus tareas laborales y nada más. Al limitar los privilegios, se reduce la posibilidad de que alguien pueda acceder o manipular información fuera de su ámbito.

Separación de Funciones

Dividir tareas críticas entre múltiples individuos para evitar que una sola persona tenga control total sobre un proceso. Por ejemplo, en finanzas, separar las funciones de autorización y procesamiento de pagos.

Monitoreo y Auditoría

- **Registro de Actividades**: Mantener logs detallados de accesos y acciones realizadas por los usuarios.

- **Análisis de Comportamiento**: Utilizar herramientas que detecten comportamientos anómalos, como accesos fuera de horario o transferencias inusuales de datos.

- **Revisiones Periódicas**: Auditorías regulares de permisos y actividades para detectar y corregir irregularidades.

Educación y Concientización

Capacitar a los empleados sobre políticas de seguridad, ética y las consecuencias de acciones indebidas es fundamental. Fomentar una cultura de seguridad donde los empleados se sientan responsables y comprometidos puede prevenir incidentes.

Escenario Hipotético: Implementación de MFA en una Empresa

Contexto: Una empresa tecnológica ha experimentado varios intentos de acceso no autorizado a sus sistemas internos. Aunque no se ha materializado ningún ataque exitoso, la dirección decide fortalecer la seguridad implementando MFA.

Pasos Seguidos

1. **Evaluación de Necesidades**
    - Identificar sistemas y aplicaciones críticas que requieren protección adicional.
    - Determinar los métodos de autenticación multifactor más adecuados para la organización y sus empleados.

2. **Selección de Tecnología**

- Optar por una solución que combine facilidad de uso y seguridad, como aplicaciones de autenticación con notificaciones push.
- Asegurar que la solución sea compatible con los sistemas existentes.

3. **Plan de Implementación**
   - Desarrollar un plan gradual, comenzando con los sistemas más críticos.
   - Establecer un cronograma realista y comunicárselo a todo el personal.

4. **Capacitación**
   - Realizar sesiones informativas y proporcionar guías sobre cómo usar la nueva herramienta de autenticación.
   - Crear canales de soporte para resolver dudas y problemas técnicos.

5. **Despliegue**
   - Implementar MFA en los sistemas seleccionados.
   - Monitorizar el proceso y resolver cualquier inconveniente que surja.

6. **Revisión y Mejora**
   - Recopilar feedback de los usuarios.
   - Ajustar la implementación según sea necesario para mejorar la experiencia y la seguridad.

Resultados

- **Mejora en la Seguridad**: Reducción significativa de intentos de acceso no autorizado.
- **Mayor Conciencia de Seguridad**: Los empleados

comprenden mejor la importancia de proteger sus credenciales.

- **Mejora Continua**: La empresa planea expandir MFA a más sistemas y explorar otras medidas de seguridad.

Reflexión sobre la Importancia de IAM

La gestión efectiva de identidades y accesos es más que una medida de seguridad; es un habilitador de confianza y eficiencia en las operaciones diarias. Al garantizar que las personas adecuadas tengan el acceso correcto, se protege no solo la información, sino también la integridad y reputación de la organización.

Considera tu entorno laboral o personal: ¿Están implementadas estas prácticas de seguridad? ¿Podría la adopción de MFA o RBAC mejorar la protección de tus datos y sistemas?

Conclusión

La Gestión de Identidades y Accesos es un pilar fundamental en la estrategia de ciberseguridad de cualquier organización. Al implementar autenticación multifactor, gestionar accesos basados en roles y controlar cuidadosamente los privilegios, se construye una defensa robusta contra amenazas tanto externas como internas.

En un mundo donde el perímetro de seguridad se diluye con el trabajo remoto y la nube, centrarse en quién accede y cómo lo hace es más crítico que nunca. Al adoptar estas prácticas y fomentar una cultura de seguridad, las organizaciones pueden operar con confianza en el panorama digital actual.

CAPÍTULO 8: SEGURIDAD EN LA NUBE

La computación en la nube ha transformado radicalmente la forma en que las organizaciones almacenan, gestionan y acceden a la información. Ofrece ventajas como escalabilidad, flexibilidad y reducción de costos, permitiendo a las empresas adaptarse rápidamente a las demandas cambiantes del mercado. Sin embargo, esta adopción también introduce nuevos desafíos en materia de seguridad. ¿Cómo podemos garantizar la protección de nuestros datos y sistemas en un entorno compartido y accesible desde cualquier lugar?

En este capítulo, exploraremos los principales riesgos y desafíos asociados con la seguridad en la nube, entenderemos el modelo de responsabilidad compartida entre el proveedor y el cliente, y discutiremos estrategias efectivas para proteger datos, implementar cifrado y gestionar identidades en entornos cloud.

Principales Riesgos y Desafíos de la Nube

Naturaleza de la Nube

La nube implica el uso de recursos informáticos a través de internet, proporcionados por terceros como Amazon Web Services (AWS), Microsoft Azure o Google Cloud Platform. Aunque esto ofrece flexibilidad y ahorro de costos, también significa que los datos y aplicaciones residen en infraestructuras que no son propiedad directa de la organización.

Riesgos Comunes

Pérdida o Fuga de Datos

La exposición de datos sensibles es una de las principales preocupaciones. Puede ocurrir debido a configuraciones incorrectas, vulnerabilidades en aplicaciones o errores humanos. ¿Estamos tomando las medidas adecuadas para proteger nuestros datos más críticos?

Accesos No Autorizados

Los atacantes pueden explotar vulnerabilidades para acceder a sistemas en la nube. La naturaleza compartida de estos entornos aumenta el riesgo de que un fallo en la seguridad de un cliente afecte a otros.

Cumplimiento Normativo

Las organizaciones deben cumplir con regulaciones como GDPR, HIPAA o PCI-DSS, que tienen requisitos estrictos sobre cómo se deben manejar y proteger los datos. ¿Nuestra infraestructura en la nube cumple con estas normativas?

Dependencia del Proveedor

La disponibilidad y seguridad de los servicios dependen en gran medida del proveedor de la nube. Incidentes o interrupciones en el servicio pueden tener un impacto significativo en las operaciones.

Desafíos Específicos

- **Visibilidad y Control**: La nube puede dificultar la visibilidad completa de los activos y actividades, complicando la detección de anomalías.
- **Gestión de Identidades y Accesos**: Con

usuarios accediendo desde múltiples ubicaciones y dispositivos, controlar quién tiene acceso a qué recursos se vuelve más complejo.

- **Seguridad de la Configuración**: Los entornos cloud son altamente configurables, pero también es fácil cometer errores que dejen puertas abiertas a los atacantes.

Seguridad Compartida en IaaS, PaaS y SaaS

Entendiendo el Modelo de Responsabilidad Compartida

Los proveedores de servicios en la nube operan bajo un modelo de responsabilidad compartida, donde tanto el proveedor como el cliente tienen roles específicos en la seguridad del entorno.

Infraestructura como Servicio (IaaS)

- **Proveedor**: Responsable de la seguridad de la infraestructura física, incluyendo servidores, almacenamiento y redes.
- **Cliente**: Responsable de la seguridad del sistema operativo, aplicaciones, datos y configuraciones.

Plataforma como Servicio (PaaS)

- **Proveedor**: Gestiona la infraestructura y la plataforma, incluyendo sistemas operativos y middleware.
- **Cliente**: Se enfoca en la seguridad de las aplicaciones y datos que desarrolla y despliega.

Software como Servicio (SaaS)

- **Proveedor**: Gestiona todo, desde la infraestructura hasta las aplicaciones.
- **Cliente**: Responsable del uso adecuado del servicio y de proteger la información de acceso.

Importancia de Comprender las Responsabilidades

Es crucial entender qué aspectos de la seguridad son gestionados por el proveedor y cuáles son responsabilidad del cliente. Esto ayuda a evitar brechas de seguridad debido a malentendidos o suposiciones incorrectas. ¿Hemos definido claramente nuestras responsabilidades en la nube?

Protección de Datos, Cifrado y Gestión de Identidades en la Nube

Protección de Datos

Clasificación de Datos

Identificar y clasificar los datos según su nivel de sensibilidad permite aplicar medidas de seguridad adecuadas. Esto incluye definir quién tiene acceso y cómo se protegen los datos en tránsito y en reposo.

Políticas de Retención y Eliminación

Establecer políticas claras sobre cuánto tiempo se almacenan los datos y cómo se eliminan de forma segura es esencial para cumplir con regulaciones y reducir riesgos.

Cifrado de Datos

Cifrado en Tránsito

Asegurar que los datos están cifrados mientras se transmiten entre el usuario y la nube, generalmente mediante protocolos como TLS/SSL.

Cifrado en Reposo

Cifrar los datos almacenados en la nube para protegerlos en caso de accesos no autorizados a los sistemas de almacenamiento. Los proveedores suelen ofrecer opciones de cifrado integrado.

Gestión de Claves

Decidir quién gestiona las claves de cifrado es crítico. Las opciones incluyen:

- **Claves Gestionadas por el Proveedor**: Más conveniente pero menos control.
- **Claves Gestionadas por el Cliente (BYOK)**: Mayor control pero requiere una gestión más rigurosa.
- **Claves Gestionadas Externamente**: Utilizar un sistema de gestión de claves independiente. En este caso hay que evaluar minuciosamente las condiciones que ofrecen las plataformas externas.

Gestión de Identidades y Accesos en la Nube

Implementación de Servicios IAM

Los proveedores de nube ofrecen servicios de Gestión de Identidades y Accesos (IAM) que permiten controlar el acceso a los recursos. Configurar correctamente estos servicios es fundamental.

- **Roles y Permisos**: Definir roles con permisos específicos y asignarlos a usuarios o servicios.
- **Políticas de Acceso**: Escribir políticas detalladas que especifiquen quién puede hacer qué y bajo qué condiciones.

Autenticación Multifactor (MFA)

Implementar MFA para acceder a la consola de administración y otros recursos sensibles aumenta significativamente la seguridad. ¿Estamos utilizando MFA para proteger los accesos críticos?

Principio de Mínimo Privilegio

Asignar a los usuarios y servicios solo los permisos necesarios para realizar sus tareas, reduciendo el riesgo de accesos no autorizados o acciones indebidas.

Monitoreo y Auditoría

Configurar registros detallados y monitorear actividades sospechosas permite detectar y responder rápidamente a amenazas.

- **Alertas de Seguridad**: Establecer alertas para eventos críticos.
- **Análisis de Logs**: Revisar regularmente los registros de actividad.

Caso Práctico: Brecha de Seguridad por Configuración Incorrecta

Contexto

Una empresa de análisis de datos almacenaba información sensible de clientes en un bucket de Amazon S3. Por error, el bucket estaba configurado como público, permitiendo que cualquiera con el enlace pudiera acceder a los datos.

Consecuencias

- **Exposición de Datos**: Información personal y financiera de miles de clientes quedó expuesta.
- **Daño a la Reputación**: La confianza en la empresa se vio seriamente afectada.
- **Sanciones Legales**: Posibles multas por incumplimiento de regulaciones como GDPR.

Lecciones Aprendidas

- **Importancia de las Configuraciones Seguras**: Revisar regularmente las configuraciones de seguridad para evitar errores humanos.
- **Herramientas de Monitoreo**: Utilizar herramientas que alerten sobre configuraciones inseguras o

accesos inusuales.

- **Formación del Personal**: Capacitar a los equipos en las mejores prácticas de seguridad en la nube.

Mejores Prácticas para la Seguridad en la Nube

- **Evaluaciones de Seguridad Regulares**: Realizar auditorías y pruebas de penetración para identificar y corregir vulnerabilidades.

- **Automatización de la Seguridad**: Implementar políticas y configuraciones de seguridad como código (IaC) para reducir errores manuales.

- **Políticas de Seguridad Claras**: Definir y comunicar políticas que incluyan el uso adecuado de la nube y las responsabilidades de cada rol.

- **Respuesta a Incidentes en la Nube**: Desarrollar planes específicos para responder a incidentes en entornos cloud, incluyendo consideraciones legales y de comunicación.

- **Encriptación por Defecto**: Adoptar el cifrado de datos en tránsito y en reposo como una práctica estándar.

- **Control de Acceso Granular**: Utilizar roles y políticas detalladas para limitar el acceso a los recursos necesarios.

- **Integración de Seguridad desde el Diseño**: Incorporar consideraciones de seguridad en todas las fases de desarrollo y despliegue (DevSecOps).

Reflexión sobre la Adopción Segura de la Nube

La migración a la nube ofrece innumerables beneficios, pero también requiere un enfoque diligente en seguridad. ¿Estamos preparados para asumir nuestras responsabilidades en el modelo compartido? Al adoptar una postura proactiva y aplicar las mejores prácticas, podemos aprovechar al máximo las ventajas de la nube mientras protegemos nuestros activos más valiosos.

La seguridad en la nube es un componente esencial en la estrategia de ciberseguridad moderna. Al comprender los riesgos, las responsabilidades y las herramientas disponibles, las organizaciones pueden navegar el panorama de la nube con confianza. La clave está en la colaboración entre proveedores y clientes, la educación continua y la adopción de tecnologías y procesos que fortalezcan la seguridad en este entorno dinámico.

CAPÍTULO 9: SEGURIDAD EN IOT (INTERNET DE LAS COSAS)

El Internet de las Cosas (IoT, por sus siglas en inglés) ha transformado la manera en que interactuamos con el mundo. Desde hogares inteligentes hasta ciudades conectadas, el IoT integra dispositivos y sistemas para ofrecer eficiencia y comodidad. Sin embargo, esta interconexión también abre puertas a nuevas amenazas cibernéticas. ¿Estamos preparados para enfrentar los riesgos que conlleva tener millones de dispositivos conectados a nuestras redes?

En este capítulo, exploraremos las vulnerabilidades inherentes a los dispositivos IoT, las estrategias para monitorear y gestionar estos dispositivos, y analizaremos casos reales de ataques al IoT junto con medidas de protección efectivas.

Vulnerabilidades Inherentes a los Dispositivos IoT

Características del IoT que Afectan la Seguridad

Los dispositivos IoT presentan desafíos únicos en términos de seguridad debido a:

- **Limitaciones de Recursos**: Muchos dispositivos tienen capacidades limitadas de procesamiento y memoria, lo que dificulta la implementación de medidas de seguridad robustas.

- **Diversidad y Escala**: La amplia gama de dispositivos y fabricantes dificulta la estandarización de protocolos de seguridad.

- **Conectividad Continua**: La conexión permanente a internet aumenta la exposición a posibles ataques.

- **Actualizaciones Infrecuentes**: Algunos dispositivos no reciben actualizaciones regulares, dejando vulnerabilidades sin corregir.

- **Falta de Estándares de Seguridad**: La ausencia de regulaciones estrictas en el diseño y fabricación de dispositivos IoT conduce a prácticas de seguridad inconsistentes.

Principales Vulnerabilidades

Contraseñas Predeterminadas o Débiles

Muchos dispositivos vienen con credenciales predeterminadas que los usuarios rara vez cambian. Esto facilita el acceso no autorizado. Por ejemplo, cámaras de seguridad con la contraseña "admin" pueden ser fácilmente comprometidas.

Comunicación No Cifrada

La falta de cifrado en las comunicaciones permite que los datos sean interceptados y manipulados. Dispositivos que transmiten información sensible sin cifrado son especialmente vulnerables.

Ausencia de Autenticación Fuerte

La falta de métodos robustos de autenticación permite que actores malintencionados se hagan pasar por dispositivos legítimos o accedan a ellos sin autorización.

Software Obsoleto

La falta de actualizaciones y parches de seguridad deja a los dispositivos expuestos a vulnerabilidades conocidas que pueden ser explotadas.

Configuraciones Inseguras

Los dispositivos a menudo vienen con configuraciones predeterminadas que priorizan la facilidad de uso sobre la seguridad, como puertos abiertos innecesariamente.

Monitoreo y Gestión de Dispositivos Conectados

Estrategias para la Gestión Segura del IoT

Inventario y Mapeo de Dispositivos

- **Identificación**: Realizar un inventario completo de todos los dispositivos conectados a la red.
- **Clasificación**: Categorizar los dispositivos según su función y nivel de riesgo.

Saber qué dispositivos están conectados es el primer paso para protegerlos. ¿Conoces todos los dispositivos que están en tu red?

Segmentación de Redes

- **Redes Separadas**: Crear subredes o VLANs para aislar los dispositivos IoT del resto de la red.
- **Control de Acceso**: Implementar reglas de firewall para limitar la comunicación entre segmentos.

La segmentación limita el impacto de un dispositivo comprometido, evitando que el atacante acceda a recursos críticos.

Implementación de Protocolos Seguros

- **Cifrado de Datos**: Utilizar protocolos seguros (como HTTPS, TLS) para las comunicaciones.
- **Autenticación Mutua**: Asegurar que tanto el

dispositivo como el servidor verifiquen sus identidades.

Actualizaciones y Parches

- **Programación Regular**: Establecer un calendario para verificar y aplicar actualizaciones de firmware.
- **Automatización**: Utilizar herramientas que permitan actualizaciones automáticas cuando sea posible.

Mantener el software al día es esencial para proteger contra vulnerabilidades conocidas.

Configuración Segura de Dispositivos

- **Cambio de Contraseñas Predeterminadas**: Establecer contraseñas fuertes y únicas.
- **Desactivación de Servicios Innecesarios**: Apagar funciones que no se utilizan para reducir la superficie de ataque.
- **Control de Puertos**: Cerrar puertos no utilizados que puedan ser explotados.

Monitoreo Activo de Dispositivos

Análisis de Tráfico

- **Herramientas de Monitoreo**: Implementar sistemas que analicen el tráfico en busca de patrones anómalos.
- **Alertas en Tiempo Real**: Configurar notificaciones para actividades sospechosas.

El monitoreo continuo permite detectar y responder rápidamente a incidentes.

Gestión Centralizada

- **Plataformas de Gestión IoT**: Utilizar soluciones que permitan administrar múltiples dispositivos desde una única interfaz.

- **Políticas de Seguridad Consistentes**: Aplicar configuraciones y actualizaciones de manera uniforme.

Una gestión centralizada simplifica la administración y mejora la seguridad general.

Casos de Ataques al IoT y Medidas de Protección

Caso 1: La Botnet Mirai

En 2016, la botnet Mirai comprometió miles de dispositivos IoT, como cámaras y grabadoras de video, utilizando credenciales predeterminadas. Esta botnet fue utilizada para lanzar ataques DDoS masivos, incluyendo uno que afectó a servicios importantes como Twitter y Netflix.

Lecciones Aprendidas

- **Cambio de Credenciales**: La importancia de cambiar contraseñas predeterminadas.

- **Actualización de Dispositivos**: Muchos dispositivos comprometidos no podían ser actualizados, resaltando la necesidad de considerar la capacidad de actualización al adquirir dispositivos IoT.

- **Segmentación de Red**: Aislar dispositivos IoT puede limitar el alcance de un ataque.

Caso 2: Vulnerabilidades en Asistentes de Voz

Investigadores han demostrado cómo asistentes de voz como Amazon Echo o Google Home pueden ser explotados para espiar conversaciones o realizar compras no autorizadas mediante comandos ocultos.

Medidas de Protección

- **Configuración de Seguridad**: Desactivar funciones de compra por voz o establecer códigos de confirmación.
- **Actualizaciones**: Asegurarse de que los dispositivos reciban actualizaciones automáticas de seguridad.
- **Conciencia del Usuario**: Ubicar los dispositivos en lugares apropiados y ser consciente de la información que se comparte cerca de ellos.

Medidas Generales de Protección

Adopción de Estándares y Buenas Prácticas

- **Seguridad desde el Diseño**: Priorizar la seguridad en el desarrollo y adquisición de dispositivos.
- **Certificaciones de Seguridad**: Optar por dispositivos que cumplan con estándares reconocidos.

Educación y Conciencia

- **Capacitación**: Informar a los usuarios sobre los riesgos y cómo utilizar los dispositivos de manera segura.
- **Políticas de Uso**: Establecer directrices claras para la instalación y gestión de dispositivos IoT.

Ejercicio Práctico: Evaluación de Seguridad en Dispositivos IoT Domésticos

Objetivo

Realizar una revisión de los dispositivos IoT en tu hogar u organización para identificar posibles vulnerabilidades y aplicar medidas de seguridad.

Pasos a Seguir

1. **Listado de Dispositivos**
   - Haz una lista de todos los dispositivos conectados a tu red (por ejemplo, cámaras, termostatos, asistentes de voz).

2. **Revisión de Contraseñas**
   - Verifica si has cambiado las contraseñas predeterminadas.
   - Establece contraseñas fuertes y únicas para cada dispositivo.

3. **Actualización de Firmware**
   - Comprueba si hay actualizaciones disponibles para cada dispositivo.
   - Sigue las instrucciones del fabricante para actualizar el firmware.

4. **Configuración de la Red**
   - Si tu router lo permite, crea una red separada para dispositivos IoT.
   - Habilita el cifrado WPA3 o WPA2 con una contraseña robusta.

5. **Desactivación de Funciones Innecesarias**
   - Deshabilita servicios que no utilices, como acceso remoto o puertos abiertos.

6. **Implementación de Cifrado**
   - Asegúrate de que las comunicaciones de los dispositivos estén cifradas.
   - Configura conexiones HTTPS o utiliza aplicaciones seguras.

Reflexión

Después de completar el ejercicio:

- ¿Descubriste dispositivos que no sabías que estaban conectados?

- ¿Había vulnerabilidades que pudiste corregir?
- ¿Qué medidas adicionales puedes tomar para mejorar la seguridad en tu hogar?

Conclusión

La seguridad en el IoT es un desafío creciente que requiere atención y acción proactiva. Al entender las vulnerabilidades inherentes a estos dispositivos y aplicar prácticas sólidas de gestión y monitoreo, podemos minimizar los riesgos y disfrutar de los beneficios que la tecnología IoT ofrece.

Recuerda que la seguridad es una responsabilidad compartida entre fabricantes, proveedores y usuarios. Al estar informados y tomar medidas concretas, contribuimos a un ecosistema IoT más seguro para todos.

CAPÍTULO 10: ÉTICA Y ASPECTOS LEGALES EN CIBERSEGURIDAD

La ciberseguridad no solo se trata de tecnologías y técnicas para proteger sistemas y datos, sino que también implica consideraciones éticas y legales fundamentales. Las acciones en el ciberespacio pueden tener repercusiones significativas en individuos, organizaciones y sociedades enteras. Por ello, es esencial comprender las responsabilidades éticas y legales asociadas con la ciberseguridad.

Pero, ¿cómo navegamos por el complejo panorama ético y legal que rodea nuestras actividades en línea? ¿Qué obligaciones tenemos como profesionales de la ciberseguridad para garantizar que nuestras acciones no solo sean efectivas, sino también moralmente correctas y legales?

En este capítulo, exploraremos la importancia de la ética profesional en ciberseguridad, los desafíos relacionados con la privacidad de los datos, y las leyes y regulaciones que rigen el cibercrimen y la protección de la información a nivel internacional.

Ética Profesional en Ciberseguridad

La Importancia de la Ética en la Práctica Profesional

La ética en ciberseguridad se refiere a los principios y valores que guían el comportamiento de los profesionales en este campo. Dada la naturaleza sensible y a menudo confidencial de la información con la que trabajan, los profesionales de la ciberseguridad deben adherirse a altos estándares éticos para mantener la confianza y proteger los derechos de los individuos y organizaciones.

Considera el poder y acceso que un profesional de ciberseguridad puede tener: acceso a datos personales, información financiera, secretos comerciales, entre otros. ¿Cómo asegurarse de que este poder no se abuse? La ética sirve como brújula para orientar las decisiones y acciones en situaciones donde las reglas pueden no ser claras.

Códigos de Ética Profesionales

Organizaciones y asociaciones profesionales han desarrollado códigos de ética para guiar a sus miembros. Algunos ejemplos incluyen:

- **(ISC)² Código de Ética:** Promueve la protección de la sociedad, el bienestar común, la confianza pública y la infraestructura, actuando con honestidad, justicia, responsabilidad y legalidad.
- **ISACA Código de Ética Profesional:** Establece estándares para mantener altos niveles de competencia y conducta profesional.

Estos códigos enfatizan valores como la integridad, la confidencialidad, el profesionalismo y el respeto por la ley.

Dilemas Éticos Comunes

Divulgación de Vulnerabilidades

Cuando un profesional descubre una vulnerabilidad en un sistema ajeno, ¿debe informar al propietario, divulgarla públicamente o explotarla? La ética sugiere que se debe notificar responsablemente al propietario, dando tiempo para corregir el problema antes de cualquier divulgación pública.

Limitaciones en Pruebas de Seguridad

En pruebas de penetración o evaluaciones de seguridad, es crucial respetar los límites acordados y obtener el consentimiento adecuado. ¿Es aceptable probar sistemas fuera del alcance definido si se cree que hay una vulnerabilidad crítica? La respuesta ética es no; siempre se debe actuar dentro de los límites establecidos.

Conflictos de Interés

Los profesionales deben evitar situaciones donde sus intereses personales o financieros puedan influir indebidamente en su juicio profesional. Por ejemplo, recomendar productos o servicios por beneficio personal en lugar de en el mejor interés del cliente.

Privacidad de Datos y Protección de la Información

Importancia de la Privacidad

La privacidad es un derecho fundamental que protege la intimidad y los datos personales de los individuos. En el contexto digital, donde se recopila y procesa una enorme cantidad de información, es vital garantizar que estos datos se manejen de manera responsable.

Reflexiona sobre la cantidad de información personal que compartimos en línea: ¿Quién tiene acceso a ella? ¿Cómo se utiliza? ¿Qué controles tenemos sobre nuestros propios datos?

Principios de Protección de Datos

Minimización de Datos

Recopilar solo los datos necesarios para el propósito específico, reduciendo el riesgo en caso de una brecha.

Consentimiento Informado

Los individuos deben ser informados y dar su consentimiento

para la recopilación y uso de sus datos.

Transparencia

Las organizaciones deben ser claras sobre cómo y por qué se utilizan los datos personales.

Seguridad de los Datos

Implementar medidas técnicas y organizativas para proteger los datos contra acceso no autorizado, pérdida o destrucción.

Leyes Relacionadas con Cibercrimen y Protección de Datos

Regulaciones Clave

GDPR (Reglamento General de Protección de Datos)

Aplicable en la Unión Europea, establece estándares estrictos para la protección de datos personales, incluyendo derechos para los individuos y obligaciones para las organizaciones. Tiene alcance extraterritorial, afectando a cualquier entidad que maneje datos de ciudadanos de la UE.

HIPAA (Ley de Portabilidad y Responsabilidad de Seguros de Salud)

En Estados Unidos, regula la protección de información médica y establece estándares para la seguridad y confidencialidad de los datos de salud.

PCI DSS (Estándar de Seguridad de Datos para la Industria de Tarjetas de Pago)

Conjunto de requisitos para organizaciones que procesan pagos con tarjetas, enfocándose en la protección de datos financieros.

Cibercrimen y Legislación

Las leyes contra el cibercrimen buscan prevenir y sancionar actividades ilegales en el ciberespacio, como:

- **Acceso No Autorizado**: Hacking, intrusión en sistemas sin permiso.
- **Fraude y Robo de Identidad**: Uso indebido de información personal para beneficio propio.
- **Distribución de Malware**: Creación y propagación de software malicioso.
- **Ciberterrorismo y Ciberespionaje**: Ataques a infraestructuras críticas o robo de información sensible a nivel estatal.

Las sanciones pueden incluir multas significativas y penas de prisión. Además, la cooperación internacional es esencial, dado que los delitos cibernéticos a menudo trascienden fronteras.

Normativas Internacionales y Adaptación Global

Desafíos en la Aplicación de Leyes Internacionales

El ciberespacio no tiene fronteras, lo que complica la aplicación de leyes nacionales. Las diferencias en regulaciones y enfoques legales entre países pueden crear lagunas que los cibercriminales explotan.

Esfuerzos de Cooperación Internacional

- **Convenio de Budapest**: Primer tratado internacional sobre delitos informáticos, busca armonizar leyes y facilitar la cooperación.
- **Interpol y Europol**: Organizaciones que coordinan esfuerzos entre fuerzas policiales de diferentes países para combatir el cibercrimen.

La colaboración entre naciones es crucial para enfrentar amenazas globales y establecer estándares comunes.

El Rol de la Ética en la Práctica Profesional

Formación y Conciencia Ética

La educación en ética debe ser parte integral de la formación de profesionales en ciberseguridad. Comprender las implicaciones éticas de las acciones permite tomar decisiones informadas y responsables.

Cultura de Ética en las Organizaciones

Las empresas deben promover una cultura que valore la ética y el cumplimiento legal. Esto incluye:

- **Políticas Claras**: Establecer códigos de conducta y políticas de ética.
- **Liderazgo Ejemplar**: Los líderes deben modelar comportamientos éticos.
- **Canales de Comunicación Abiertos**: Facilitar que los empleados informen preocupaciones éticas sin temor a represalias.

Reflexión Final

La ciberseguridad efectiva va más allá de la tecnología; requiere un compromiso con principios éticos y legales que protejan a las personas y sociedades. Al actuar con integridad y responsabilidad, los profesionales de la ciberseguridad pueden contribuir a un mundo digital más seguro y confiable.

Considera cómo tus propias acciones y decisiones pueden impactar en la privacidad y seguridad de otros. ¿Estás preparado para enfrentar los desafíos éticos y legales en tu práctica profesional? ¿Cómo puedes fomentar una cultura de ética y cumplimiento en tu entorno laboral?

CAPÍTULO 11: NORMATIVAS Y COMPLIANCE EN CIBERSEGURIDAD

En un mundo cada vez más interconectado, la protección de la información no es solo una buena práctica, sino una obligación legal. Las organizaciones deben cumplir con diversas normativas y regulaciones que establecen estándares para la gestión y protección de datos. El **compliance** en ciberseguridad implica asegurar que una organización cumple con todas las leyes, regulaciones y políticas internas aplicables.

Pero, ¿cómo pueden las organizaciones navegar este complejo paisaje regulatorio y asegurarse de que están cumpliendo con los requisitos necesarios? En este capítulo, exploraremos las normativas clave en ciberseguridad, cómo implementar un programa efectivo de compliance y la importancia de las auditorías y evaluaciones continuas.

Normativas Clave en Ciberseguridad

GDPR (Reglamento General de Protección de Datos)

Alcance y Objetivos

El GDPR es una regulación de la Unión Europea que establece directrices estrictas para la protección de datos personales. Se aplica a todas las organizaciones que procesan datos de ciudadanos de la UE, independientemente de dónde se encuentren.

Principales Requisitos

- **Consentimiento Claro**: Obtener el consentimiento explícito de los individuos para procesar sus datos.
- **Derecho al Olvido**: Permitir que los individuos soliciten la eliminación de sus datos.
- **Notificación de Brechas**: Informar a las autoridades y a los afectados en caso de brechas de seguridad dentro de las 72 horas.
- **Privacidad desde el Diseño**: Integrar la protección de datos en el desarrollo de sistemas y procesos.

Impacto en las Organizaciones

El incumplimiento del GDPR puede resultar en multas significativas, de hasta el 4% de los ingresos anuales globales o 20 millones de euros, lo que sea mayor. Esto subraya la importancia de cumplir con sus disposiciones.

HIPAA (Ley de Portabilidad y Responsabilidad de Seguros de Salud)

Alcance y Objetivos

La HIPAA es una ley estadounidense que establece estándares para la protección de información médica y de salud. Se aplica a entidades como hospitales, aseguradoras y cualquier organización que maneje datos de salud protegidos (PHI).

Principales Requisitos

- **Regla de Privacidad**: Establece estándares para el uso y divulgación de PHI.
- **Regla de Seguridad**: Requiere salvaguardas para proteger la confidencialidad, integridad y

disponibilidad de la información electrónica de salud.

- **Regla de Notificación de Brechas**: Obligación de notificar a los individuos y al Departamento de Salud y Servicios Humanos en caso de brechas.

Impacto en las Organizaciones

El incumplimiento puede resultar en sanciones civiles y penales, incluyendo multas y posibles cargos criminales.

PCI DSS (Estándar de Seguridad de Datos para la Industria de Tarjetas de Pago)

Alcance y Objetivos

El PCI DSS es un conjunto de estándares de seguridad para organizaciones que procesan, almacenan o transmiten información de tarjetas de crédito. Su objetivo es proteger los datos del titular de la tarjeta y prevenir el fraude.

Principales Requisitos

- **Construir y Mantener una Red Segura**: Uso de firewalls y contraseñas robustas.

- **Proteger los Datos del Titular de la Tarjeta**: Cifrado de datos en tránsito y en reposo.

- **Mantener un Programa de Gestión de Vulnerabilidades**: Actualizaciones de software y protección antivirus.

- **Implementar Medidas de Control de Acceso**: Restricciones basadas en la necesidad de saber y autenticación única.

- **Monitorear y Probar Regularmente las Redes**: Pruebas de penetración y monitoreo de logs.

- **Mantener una Política de Seguridad de la

Información: Documentación y comunicación de políticas de seguridad.

Impacto en las Organizaciones

El incumplimiento puede resultar en multas, aumento en las tarifas de procesamiento y pérdida del derecho a procesar tarjetas de pago.

Implementación de Compliance en la Ciberseguridad

Pasos para un Programa Efectivo de Compliance

1. Evaluación de Requisitos

- **Identificar Normativas Aplicables**: Determinar qué leyes y regulaciones son relevantes para la organización.
- **Análisis de Brechas**: Evaluar el estado actual de cumplimiento y las áreas que requieren mejoras.

2. Desarrollo de Políticas y Procedimientos

- **Políticas Claras**: Establecer políticas que reflejen los requisitos regulatorios y las mejores prácticas.
- **Procedimientos Detallados**: Documentar los pasos específicos para implementar las políticas.

3. Implementación de Controles Técnicos y Organizativos

- **Controles Técnicos**: Implementar medidas como cifrado, autenticación multifactor y monitoreo de seguridad.
- **Controles Organizativos**: Definir roles y responsabilidades, y establecer procesos de gestión de riesgos.

4. Capacitación y Concientización

- **Formación Regular**: Educar a los empleados sobre las políticas, procedimientos y su papel en el cumplimiento.
- **Concientización Continua**: Mantener a todos informados sobre cambios regulatorios y nuevas amenazas.

5. Monitoreo y Mejora Continua

- **Revisión Regular**: Evaluar periódicamente la eficacia de los controles y realizar ajustes según sea necesario.
- **Gestión de Incidentes**: Establecer procedimientos para responder a violaciones y brechas de seguridad.

Herramientas y Tecnologías de Soporte

- **Sistemas de Gestión de Cumplimiento**: Software que ayuda a rastrear y gestionar los requisitos de cumplimiento.
- **Automatización de Auditorías**: Herramientas que facilitan la recopilación y análisis de datos para auditorías.
- **Soluciones de Gestión de Identidades y Accesos (IAM)**: Ayudan a controlar quién tiene acceso a qué recursos.

Auditorías y Evaluación Continua del Cumplimiento Normativo

Importancia de las Auditorías

Las auditorías son esenciales para verificar que la organización cumple con las regulaciones y para identificar áreas de mejora. Pueden ser realizadas por auditores internos o externos y pueden ser requeridas por ley o por acuerdos contractuales.

Tipos de Auditorías

- **Auditorías Internas**: Realizadas por el personal de la organización para prepararse para auditorías externas y mejorar procesos.
- **Auditorías Externas**: Realizadas por terceros independientes para certificar el cumplimiento.
- **Auditorías Forenses**: Investigaciones detalladas tras un incidente para entender qué ocurrió y cómo prevenir futuras violaciones.

Pasos en el Proceso de Auditoría

1. **Planificación**
   - Definir el alcance y los objetivos de la auditoría.
   - Establecer cronogramas y asignar recursos.
2. **Recopilación de Información**
   - Recolectar documentación, registros y evidencias de cumplimiento.
   - Entrevistar al personal clave.
3. **Análisis y Evaluación**
   - Comparar las prácticas actuales con los requisitos normativos.
   - Identificar desviaciones y áreas de riesgo.
4. **Informe de Resultados**
   - Documentar hallazgos, conclusiones y recomendaciones.

- Presentar el informe a la alta dirección y partes interesadas.

5. **Seguimiento**
    - Implementar acciones correctivas.
    - Monitorear el progreso y reevaluar según sea necesario.

Mejora Continua

El cumplimiento no es un evento único, sino un proceso continuo. Las organizaciones deben adaptarse a cambios en las regulaciones, tecnologías y amenazas. ¿Estamos revisando regularmente nuestras prácticas para asegurar un cumplimiento sostenido?

Caso Práctico: Implementación de GDPR en una Empresa

Contexto

Una empresa de comercio electrónico que opera a nivel internacional maneja datos personales de clientes en la Unión Europea. Con la entrada en vigor del GDPR, la empresa debe asegurarse de cumplir con sus disposiciones para evitar sanciones.

Pasos Seguidos

1. **Evaluación Inicial**
    - **Inventario de Datos**: Identificar qué datos personales se recopilan, cómo se procesan y dónde se almacenan.
    - **Análisis de Brechas**: Evaluar las prácticas actuales frente a los requisitos del GDPR.

2. **Designación de un Delegado de Protección de Datos (DPO)**
    - Nombrar a un responsable para supervisar la estrategia de protección de datos y el cumplimiento.

3. **Actualización de Políticas y Procedimientos**
   - **Política de Privacidad**: Revisar y actualizar para reflejar los derechos de los individuos y las prácticas de procesamiento de datos.
   - **Consentimiento**: Asegurar que se obtiene un consentimiento claro y explícito de los usuarios.

4. **Implementación de Medidas Técnicas**
   - **Cifrado de Datos**: Implementar cifrado en tránsito y en reposo.
   - **Control de Acceso**: Restringir el acceso a datos personales solo al personal necesario.
   - **Registro de Actividades**: Mantener registros detallados de cómo se procesan los datos.

5. **Capacitación del Personal**
   - Formar a los empleados sobre los principios del GDPR y su papel en la protección de datos.

6. **Preparación para Brechas**
   - **Plan de Respuesta a Incidentes**: Establecer procedimientos para detectar, reportar y gestionar brechas de seguridad.

Resultados
- **Cumplimiento Asegurado**: La empresa logró alinearse con los requisitos del GDPR.
- **Confianza del Cliente**: Al demostrar un compromiso con la privacidad, la empresa fortaleció la confianza de sus clientes.
- **Mejora en la Gestión de Datos**: Los procesos más

estrictos llevaron a una mejor calidad y manejo de la información.

Reflexión Sobre la Importancia del Cumplimiento Normativo

El cumplimiento de normativas y regulaciones en ciberseguridad no es solo una obligación legal, sino también una oportunidad para fortalecer la seguridad y la confianza en la organización. Al adoptar un enfoque proactivo y estructurado, las organizaciones pueden reducir riesgos, evitar sanciones y mejorar su reputación.

Considera tu propia organización o entorno: ¿Estamos cumpliendo con todas las normativas aplicables? ¿Qué medidas podemos tomar hoy para mejorar nuestro programa de compliance y proteger mejor los datos que manejamos?

Conclusión

Las normativas y el compliance en ciberseguridad juegan un papel crucial en la protección de datos y la gestión de riesgos. Al comprender las regulaciones clave y establecer programas efectivos de cumplimiento, las organizaciones pueden navegar el complejo panorama legal y asegurar que están protegiendo tanto sus intereses como los de sus clientes y socios.

El cumplimiento es un viaje continuo que requiere atención constante y adaptación. Al mantenernos informados y comprometidos con las mejores prácticas, podemos contribuir a un entorno digital más seguro y confiable para todos.

PARTE 2

CAPÍTULO 12: HERRAMIENTAS ESENCIALES DE CIBERSEGURIDAD

En el vasto campo de la ciberseguridad, las herramientas juegan un papel crucial para identificar, analizar y mitigar amenazas. Estas herramientas permiten a los profesionales de seguridad proteger sistemas y redes de manera eficiente y efectiva. Pero, con tantas opciones disponibles, ¿cómo determinar cuál es la más adecuada para una tarea específica? ¿Y cómo utilizarlas de manera efectiva para fortalecer nuestra postura de seguridad?

En este capítulo, exploraremos las herramientas esenciales de ciberseguridad, organizadas por sus funciones clave. Para cada herramienta, proporcionaremos una descripción detallada, funcionalidades principales, casos de uso y recursos adicionales para aprender más. Al finalizar este capítulo, tendrás una comprensión clara de las herramientas más importantes en el arsenal de un profesional de ciberseguridad y cómo aplicarlas en diferentes escenarios.

Estructura de Presentación de las Herramientas

Para facilitar la comprensión y comparación, presentaremos cada herramienta siguiendo una estructura uniforme:

- **Descripción**: Una visión general de la herramienta y su propósito.
- **Funcionalidades Clave**: Características principales que la distinguen.
- **Casos de Uso**: Situaciones y contextos en los que la herramienta es especialmente útil.

Herramientas de Análisis de Vulnerabilidades y Penetration Testing

Metasploit

Descripción: Metasploit es un framework de código abierto utilizado para desarrollar y ejecutar exploits contra sistemas remotos. Es una de las herramientas más populares para pruebas de penetración y desarrollo de exploits.

Funcionalidades Clave:
- Gran biblioteca de exploits y payloads.
- Interfaz de línea de comandos y GUI (Armitage).
- Soporte para scripting y automatización.
- Integración con otras herramientas como Nmap.

Casos de Uso:
- Realizar pruebas de penetración para identificar y explotar vulnerabilidades.
- Desarrollar y probar nuevos exploits en un entorno controlado.
- Capacitación y simulación de ataques para equipos de seguridad.

Burp Suite

Descripción: Burp Suite es una plataforma integrada para pruebas de seguridad en aplicaciones web. Ofrece una variedad de herramientas para mapear y analizar el tráfico de aplicaciones web.

Funcionalidades Clave:

- Interceptación y modificación de tráfico HTTP/HTTPS.
- Escáner de vulnerabilidades automatizado.
- Herramientas para pruebas manuales, como repeater y intruder.
- Extensibilidad mediante complementos y API.

Casos de Uso:

- Identificar vulnerabilidades como inyección SQL, XSS y CSRF en aplicaciones web.
- Manipular y probar solicitudes y respuestas HTTP.
- Automatizar pruebas con scripts personalizados.

Nessus

Descripción: Nessus es una herramienta de escaneo de vulnerabilidades que ayuda a identificar debilidades en sistemas y redes. Ofrece una amplia base de datos de vulnerabilidades actualizadas regularmente.

Funcionalidades Clave:

- Escaneo de vulnerabilidades en redes, sistemas operativos y aplicaciones.
- Informes detallados con clasificación de riesgos.
- Soporte para cumplimiento normativo con plantillas predefinidas.

- Escaneo programado y automatizado.

Casos de Uso:

- Evaluación regular de vulnerabilidades en entornos corporativos.
- Verificación de cumplimiento con estándares como PCI DSS.
- Identificación de configuraciones inseguras y software obsoleto.

OpenVAS

Descripción: OpenVAS (Open Vulnerability Assessment System) es una herramienta de código abierto para escaneo y gestión de vulnerabilidades.

Funcionalidades Clave:

- Escaneo de vulnerabilidades en sistemas y redes.
- Base de datos actualizada de pruebas de vulnerabilidad.
- Integración con soluciones SIEM y de gestión de tickets.
- Personalización de escaneos y informes.

Casos de Uso:

- Evaluaciones de seguridad en entornos con presupuestos limitados.
- Complemento en estrategias de defensa en profundidad.
- Formación y prácticas en entornos educativos.

Wireshark

Descripción: Wireshark es un analizador de protocolos de red que permite capturar y examinar el tráfico en tiempo real. Es una herramienta esencial para el análisis de redes y resolución de problemas.

Funcionalidades Clave:

- Captura de tráfico en vivo y análisis de archivos de captura.
- Decodificación de cientos de protocolos de red.
- Filtros avanzados para aislar tráfico específico.
- Interfaz gráfica intuitiva y soporte multiplataforma.

Casos de Uso:

- Diagnóstico y solución de problemas de red.
- Análisis de paquetes para detectar actividades sospechosas.
- Aprendizaje y enseñanza sobre protocolos de red.

Herramientas de Análisis de Malware

VirusTotal

Descripción: VirusTotal es un servicio en línea que analiza archivos y URLs en busca de malware utilizando múltiples motores antivirus y herramientas de detección.

Funcionalidades Clave:

- Escaneo con más de 70 motores antivirus.
- Análisis de archivos, URLs y direcciones IP.
- Interfaz web y API para automatización.

- Reportes detallados y estadísticas sobre amenazas.

Casos de Uso:

- Verificar archivos sospechosos antes de abrirlos.
- Analizar URLs para detectar sitios maliciosos.
- Investigación de amenazas y campañas de malware.

Cuckoo Sandbox

Descripción: Cuckoo Sandbox es una plataforma de análisis de malware de código abierto que permite ejecutar archivos sospechosos en un entorno aislado para observar su comportamiento.

Funcionalidades Clave:

- Análisis dinámico de malware en entornos virtualizados.
- Soporte para múltiples tipos de archivos (ejecutables, documentos, scripts).
- Reportes detallados sobre actividades del malware (modificaciones de registro, tráfico de red).
- Extensibilidad mediante módulos personalizados.

Casos de Uso:

- Analizar muestras de malware para comprender su funcionamiento.
- Identificar indicadores de compromiso (IoCs).
- Desarrollar firmas y reglas de detección.

YARA

Descripción: YARA es una herramienta diseñada para ayudar en la identificación y clasificación de muestras de malware mediante la creación de reglas basadas en patrones.

Funcionalidades Clave:

- Creación de reglas personalizadas para detección de malware.
- Soporte para múltiples condiciones y operadores lógicos.
- Integración con otras herramientas y plataformas de análisis.
- Compatibilidad con diferentes sistemas operativos.

Casos de Uso:

- Identificar y clasificar nuevas variantes de malware.
- Automatizar la detección en análisis masivos de archivos.
- Compartir reglas con la comunidad para mejorar la defensa colectiva.

Firewalls y Sistemas de Detección de Intrusos (IDS/IPS)

Snort

Descripción: Snort es un sistema de detección y prevención de intrusos de código abierto que analiza el tráfico de red en tiempo real.

Funcionalidades Clave:

- Detección basada en firmas y anomalías.
- Registro y análisis de paquetes en profundidad.
- Capacidad para actuar como IDS pasivo o IPS activo.
- Amplia comunidad y conjunto de reglas

actualizadas.

Casos de Uso:

- Monitorear redes en busca de actividades maliciosas.
- Implementar políticas de seguridad y prevención de ataques.
- Aprendizaje y experimentación en laboratorios de seguridad.

Suricata

Descripción: Suricata es un motor de detección de amenazas de alto rendimiento que funciona como IDS, IPS y herramienta de monitoreo de seguridad de red.

Funcionalidades Clave:

- Soporte multihilo para aprovechar sistemas multinúcleo.
- Detección basada en firmas y análisis de protocolos.
- Registro de eventos en formatos estándar como JSON.
- Integración con herramientas como Kibana y Elasticsearch.

Casos de Uso:

- Detección avanzada de amenazas en redes de alto tráfico.
- Análisis detallado de protocolos y flujos de red.
- Implementación en entornos donde el rendimiento es crítico.

pfSense

Descripción: pfSense es una distribución de firewall y router de código abierto basada en FreeBSD, que proporciona funcionalidades avanzadas de seguridad de red.

Funcionalidades Clave:

- Firewall de estado con soporte para reglas personalizadas.
- VPN incorporado (IPsec y OpenVPN).
- Balanceo de carga y conmutación por error.
- Interfaz web intuitiva para administración.

Casos de Uso:

- Implementación de firewalls perimetrales en pequeñas y medianas empresas.
- Creación de redes privadas virtuales seguras.
- Segmentación y gestión de redes internas.

Herramientas de Gestión de Identidades y Accesos

Okta

Descripción: Okta es una plataforma de gestión de identidades basada en la nube que ofrece soluciones para autenticación, autorización y gestión de usuarios.

Funcionalidades Clave:

- Autenticación única (SSO) para aplicaciones en la nube y locales.
- Autenticación multifactor (MFA) con diversas opciones.
- Gestión del ciclo de vida de usuarios y aprovisionamiento automatizado.

- API y SDK para integrar autenticación en aplicaciones personalizadas.

Casos de Uso:

- Centralizar la gestión de accesos en organizaciones con múltiples aplicaciones.
- Implementar MFA para fortalecer la seguridad de inicio de sesión.
- Integración con directorios existentes como Active Directory.

Microsoft Active Directory (AD)

Descripción: Active Directory es un servicio de directorio desarrollado por Microsoft para entornos Windows, que gestiona identidades y relaciones en una red.

Funcionalidades Clave:

- Autenticación y autorización centralizadas.
- Gestión de políticas de grupo para configurar y controlar entornos de usuario.
- Integración con servicios en la nube a través de Azure AD.
- Soporte para protocolos LDAP y Kerberos.

Casos de Uso:

- Gestionar usuarios y dispositivos en redes empresariales Windows.
- Implementar políticas de seguridad y configuración de sistemas.
- Integrar autenticación local con servicios en la nube.

Duo Security

Descripción: Duo Security es una solución de seguridad que proporciona autenticación multifactor y gestión de accesos para aplicaciones y dispositivos.

Funcionalidades Clave:

- MFA fácil de usar con notificaciones push, códigos y biometría.
- Control de acceso basado en políticas de dispositivo y ubicación.
- Integración con una amplia gama de aplicaciones y servicios.
- Informes y análisis de autenticación.

Casos de Uso:

- Añadir MFA a aplicaciones existentes sin cambios significativos.
- Proteger accesos remotos y VPNs.
- Cumplir con requisitos de compliance para autenticación segura.

Herramientas de Seguridad en la Nube

AWS Security Hub

Descripción: AWS Security Hub es un servicio que proporciona una vista integral del estado de seguridad en las cuentas y servicios de Amazon Web Services.

Funcionalidades Clave:

- Agregación y priorización de alertas de seguridad (hallazgos).

- Evaluación continua de conformidad con estándares como CIS y PCI DSS.
- Integración con otros servicios de AWS y herramientas de terceros.
- Paneles de control personalizables.

Casos de Uso:
- Centralizar la gestión de seguridad en entornos AWS.
- Monitorear y remediar configuraciones inseguras.
- Cumplir con requisitos de compliance en la nube.

Azure Security Center

Descripción: Azure Security Center es una plataforma unificada de gestión de seguridad que ayuda a prevenir, detectar y responder a amenazas en entornos Azure y locales.

Funcionalidades Clave:
- Evaluación de seguridad continua y recomendaciones.
- Detección de amenazas con inteligencia integrada.
- Control de acceso y gestión de políticas.
- Integración con soluciones SIEM y SOAR.

Casos de Uso:
- Mejorar la visibilidad y control de la seguridad en Azure.
- Implementar prácticas de seguridad recomendadas.
- Responder rápidamente a incidentes de seguridad.

Google Cloud Security Command Center

Descripción: Es una plataforma de seguridad nativa de Google Cloud que ofrece visibilidad y control centralizados sobre los recursos y datos en la nube.

Funcionalidades Clave:

- Inventario de activos y detección de vulnerabilidades.
- Monitoreo y alerta sobre amenazas y actividades sospechosas.
- Integración con servicios de seguridad de Google y terceros.
- Personalización de políticas y reglas de seguridad.

Casos de Uso:

- Gestionar la seguridad en entornos de Google Cloud Platform.
- Detectar y remediar riesgos de seguridad de manera proactiva.
- Cumplir con estándares y regulaciones de seguridad.

Herramientas de Compliance

Varonis

Descripción: Varonis es una plataforma de seguridad de datos que ayuda a proteger información sensible mediante el análisis de actividad y gestión de permisos.

Funcionalidades Clave:

- Descubrimiento y clasificación de datos sensibles.
- Monitoreo de actividad y detección de comportamientos anómalos.

- Auditoría y gestión de permisos de acceso.
- Automatización de alertas y respuestas a incidentes.

Casos de Uso:
- Cumplir con regulaciones como GDPR y HIPAA.
- Proteger datos confidenciales contra accesos no autorizados.
- Reducir riesgos mediante la gestión efectiva de permisos.

Netwrix Auditor

Descripción: Netwrix Auditor es una plataforma que proporciona visibilidad sobre cambios, configuraciones y acceso a sistemas y datos críticos.

Funcionalidades Clave:
- Auditoría y reportes de cambios en infraestructura y aplicaciones.
- Alertas en tiempo real sobre actividades sospechosas.
- Análisis de riesgos y cumplimiento de normativas.
- Soporte para múltiples sistemas, incluyendo Active Directory, Office 365 y bases de datos.

Casos de Uso:
- Preparación y cumplimiento de auditorías de seguridad.
- Detección y respuesta a incidentes internos.
- Gestión de cambios y configuraciones.

SolarWinds Risk Intelligence

Descripción: SolarWinds Risk Intelligence es una herramienta que ayuda a identificar y priorizar riesgos de seguridad relacionados con datos sensibles.

Funcionalidades Clave:

- Descubrimiento de datos confidenciales en sistemas y dispositivos.
- Evaluación del costo potencial de una brecha de datos.
- Informes detallados para planificar estrategias de mitigación.
- Integración con otras soluciones de seguridad de SolarWinds.

Casos de Uso:

- Evaluar el riesgo financiero asociado con datos sensibles.
- Priorizar esfuerzos de seguridad en función del impacto potencial.
- Cumplir con requisitos de auditoría y compliance.

Comparativas entre Herramientas Similares

Para facilitar la selección de la herramienta más adecuada, es útil comparar las opciones disponibles:

Funcionalidad	Metasploit	Burp Suite	Nessus
Tipo de Herramienta	Framework de explotación	Plataforma de pruebas web	Escáner de vulnerabilidades
Enfoque Principal	Desarrollo y ejecución de exploits	Seguridad en aplicaciones web	Identificación de vulnerabilidades
Licencia	Código abierto (con versión Pro)	Versión gratuita y de pago	Comercial (con versión gratuita limitada)

Al considerar factores como el tipo de licenciamiento, enfoque y funcionalidades, se puede elegir la herramienta que mejor se adapte a las necesidades específicas.

Conclusión

Las herramientas de ciberseguridad son fundamentales para proteger sistemas y datos en un entorno digital cada vez más complejo. Conocer las opciones disponibles y comprender cómo utilizarlas de manera efectiva es esencial para cualquier profesional en el campo. Al explorar y practicar con estas herramientas, no solo fortalecemos nuestra capacidad para defendernos contra amenazas, sino que también desarrollamos habilidades críticas para enfrentar los desafíos actuales y futuros.

Piensa en las necesidades específicas de tu entorno: ¿Qué herramientas podrían aportar mayor valor a tus prácticas de seguridad? ¿Cómo puedes integrar estas herramientas en tu estrategia general para mejorar la protección y resiliencia de tus sistemas?

PARTE 3

CAPÍTULO 13: INTELIGENCIA ARTIFICIAL EN CIBERSEGURIDAD

La inteligencia artificial (IA) ha emergido como una de las tecnologías más disruptivas del siglo XXI, transformando industrias y redefiniendo la forma en que interactuamos con el mundo digital. En el ámbito de la ciberseguridad, la IA ofrece nuevas herramientas y enfoques para enfrentar amenazas cada vez más sofisticadas y dinámicas. Pero, ¿cómo está cambiando la IA el panorama de la ciberseguridad? ¿Qué oportunidades y desafíos presenta?

En este capítulo, exploraremos la integración de la inteligencia artificial en la ciberseguridad, entendiendo sus conceptos básicos, aplicaciones actuales y el potencial que tiene para redefinir las estrategias de defensa digital.

Conceptos Básicos de Inteligencia Artificial

¿Qué es la Inteligencia Artificial?

La inteligencia artificial es una rama de la informática que se enfoca en crear sistemas capaces de realizar tareas que, tradicionalmente, requieren inteligencia humana. Esto incluye habilidades como el aprendizaje, el razonamiento, la percepción y la comprensión del lenguaje.

La IA se divide en varias subdisciplinas, entre las cuales destacan:

- **Aprendizaje Automático (Machine Learning)**: Técnicas que permiten a las máquinas aprender a partir de datos y mejorar su rendimiento con el tiempo.
- **Aprendizaje Profundo (Deep Learning)**: Un subconjunto del aprendizaje automático que utiliza redes neuronales artificiales con múltiples capas para modelar patrones complejos en datos.
- **Procesamiento de Lenguaje Natural (NLP)**: Capacidades que permiten a las máquinas entender, interpretar y generar lenguaje humano.

Importancia de la IA en el Contexto Actual

El volumen y la complejidad de los datos generados en la era digital superan la capacidad humana para analizarlos de manera efectiva. La IA ofrece soluciones para procesar grandes cantidades de información, identificar patrones ocultos y tomar decisiones informadas.

En ciberseguridad, donde las amenazas evolucionan rápidamente, la IA es esencial para detectar y responder a ataques que podrían pasar desapercibidos con métodos tradicionales.

Aplicaciones de la Inteligencia Artificial en Ciberseguridad

Detección y Prevención de Amenazas

La IA puede analizar grandes volúmenes de tráfico de red y registros de actividad para identificar comportamientos anómalos. Por ejemplo:

- **Análisis de Comportamiento**: Al establecer una línea base de comportamiento normal, la IA puede detectar desviaciones que indiquen actividad maliciosa.

- **Detección de Malware**: Los algoritmos de aprendizaje pueden identificar malware previamente desconocido al reconocer patrones y características comunes en el código.

Respuesta Automatizada a Incidentes

La velocidad es crucial en la respuesta a incidentes de seguridad. La IA puede:

- **Automatizar Acciones de Mitigación**: Aislar sistemas comprometidos, bloquear direcciones IP sospechosas o revertir cambios no autorizados.
- **Priorizar Alertas**: Filtrar y clasificar alertas de seguridad para que los analistas se enfoquen en las amenazas más críticas.

Autenticación y Control de Acceso

- **Análisis Biométrico**: Utilizar reconocimiento facial, huellas dactilares o patrones de voz para mejorar la autenticación.
- **Análisis de Comportamiento de Usuarios**: Detectar accesos no autorizados al identificar desviaciones en el comportamiento habitual de un usuario.

Protección de Datos y Privacidad

La IA puede ayudar a identificar y proteger datos sensibles al:

- **Clasificar Información**: Automatizar la identificación de datos confidenciales en grandes repositorios.
- **Detectar Fugas de Datos**: Monitorear y analizar la transferencia de datos para prevenir exfiltraciones.

Beneficios de Integrar IA en Ciberseguridad

Mejora en la Eficiencia y Efectividad

La capacidad de procesar y analizar grandes volúmenes de datos permite:

- **Detección Temprana de Amenazas**: Identificar amenazas en tiempo real o incluso predecirlas antes de que ocurran.
- **Reducción de Falsos Positivos**: Al mejorar la precisión en la detección, se evita la sobrecarga de alertas innecesarias.

Adaptabilidad y Aprendizaje Continuo

Los sistemas basados en IA pueden adaptarse a nuevas amenazas al:

- **Aprender de Nuevos Ataques**: Actualizarse automáticamente al enfrentar nuevas formas de ataques.
- **Evolucionar con el Entorno**: Ajustarse a cambios en la infraestructura y en el comportamiento de los usuarios.

Liberación de Recursos Humanos

Al automatizar tareas rutinarias, los profesionales de ciberseguridad pueden enfocarse en actividades estratégicas y de alto valor.

Desafíos y Consideraciones Éticas

Complejidad y Oportunidades para Atacantes

- **Ataques a los Sistemas de IA**: Los adversarios pueden intentar engañar a los algoritmos de IA, por ejemplo, mediante ataques de envenenamiento de datos o generación de muestras adversarias.
- **Dependencia Excesiva**: Confiar demasiado en la IA

sin supervisión humana puede ser riesgoso si el sistema falla o es comprometido.

Privacidad y Sesgos

- **Protección de Datos Personales**: El uso de IA requiere acceso a grandes cantidades de datos, lo que plantea preocupaciones sobre la privacidad.
- **Sesgos en los Algoritmos**: Si los datos de entrenamiento contienen sesgos, el sistema puede perpetuarlos, lo que afecta la equidad y eficacia.

Regulaciones y Cumplimiento

Las leyes y regulaciones pueden limitar el uso de ciertas tecnologías de IA, especialmente en relación con la privacidad y la vigilancia.

Caso Práctico: Implementación de IA en Detección de Phishing

Escenario

Una empresa financiera enfrenta un aumento en los intentos de phishing dirigidos a sus empleados, algunos de los cuales son altamente sofisticados y difíciles de detectar con soluciones tradicionales.

Solución

La organización implementa un sistema de IA que analiza los correos electrónicos entrantes en busca de indicadores de phishing, considerando:

- **Análisis de Contenido**: Evaluación del lenguaje utilizado, presencia de enlaces sospechosos y solicitudes inusuales.
- **Análisis de Remitentes**: Verificación de la reputación y autenticidad de las direcciones de correo.

- **Aprendizaje Continuo**: El sistema mejora su precisión al aprender de nuevos intentos de phishing y retroalimentación de los usuarios.

Resultados

- **Reducción Significativa de Correos Maliciosos**: El sistema bloquea la mayoría de los intentos de phishing antes de que lleguen a los empleados.
- **Mejora en la Conciencia de Seguridad**: Al notificar a los usuarios sobre correos bloqueados y explicar las razones, se fortalece la cultura de seguridad.

Futuro de la Inteligencia Artificial en Ciberseguridad

Inteligencia Artificial y Amenazas Avanzadas

Así como los defensores adoptan la IA, los atacantes también pueden utilizarla para:

- **Ataques Automatizados**: Desarrollar malware que adapte sus tácticas en tiempo real.
- **Ingeniería Social Avanzada**: Crear contenidos falsos altamente personalizados mediante IA, como deepfakes.

Colaboración entre Humanos y Máquinas

El futuro apunta a una integración más estrecha entre analistas de seguridad y sistemas de IA, donde:

- **La IA Amplifica las Capacidades Humanas**: Proporcionando análisis y recomendaciones, mientras que los humanos toman decisiones informadas.
- **Enfoque en Habilidades Estratégicas**: Los profesionales se enfocarán en planificación, análisis contextual y toma de decisiones críticas.

Reflexiones Finales

La inteligencia artificial tiene el potencial de revolucionar la ciberseguridad, ofreciendo herramientas poderosas para enfrentar amenazas cada vez más complejas. Sin embargo, es esencial abordar los desafíos éticos y técnicos para garantizar que estas tecnologías se utilicen de manera responsable y efectiva.

Al considerar la implementación de IA en estrategias de seguridad, es importante preguntarse:

- ¿Cómo equilibramos la eficiencia de la automatización con la necesidad de supervisión humana?

- ¿Estamos preparados para enfrentar las nuevas formas de ataques potenciados por IA?

- ¿Cómo garantizamos que nuestros sistemas de IA sean justos, transparentes y respetuosos de la privacidad?

CAPÍTULO 14: DETECCIÓN DE AMENAZAS CON IA

1. Detección de Amenazas con IA

En el panorama actual de la ciberseguridad, la detección temprana y precisa de amenazas es fundamental para proteger activos digitales. La inteligencia artificial (IA) ha emergido como una herramienta poderosa para identificar patrones anómalos y responder a amenazas de manera más eficiente que los métodos tradicionales. Este capítulo explora cómo la IA está revolucionando la detección de amenazas, proporcionando ejemplos concretos y herramientas innovadoras utilizadas en la industria.

2. Cómo la IA Identifica Patrones Anómalos en Redes

La IA, especialmente a través de técnicas de machine learning y deep learning, es capaz de analizar grandes volúmenes de datos en tiempo real para identificar comportamientos inusuales que podrían indicar una amenaza. A continuación, se detallan los métodos clave:

- **Aprendizaje Supervisado:** Utiliza conjuntos de datos etiquetados para entrenar modelos que puedan reconocer patrones específicos asociados a amenazas conocidas.

- **Aprendizaje No Supervisado:** Identifica patrones y anomalías sin necesidad de datos etiquetados, lo que es útil para detectar amenazas emergentes o desconocidas.

- **Redes Neuronales Convolucionales (CNN) y Recurrentes (RNN):** Utilizadas para procesar y analizar datos secuenciales, como logs de eventos o tráfico de red, para detectar anomalías.

- **Análisis de Comportamiento:** La IA monitoriza el comportamiento normal de usuarios y dispositivos, detectando desviaciones que podrían indicar actividades maliciosas.

3. Ejemplos de IA para Detectar Malware y Amenazas Persistentes

- **Detección de Malware Basada en IA:** Herramientas que analizan el comportamiento de archivos y aplicaciones para identificar patrones típicos de malware, incluso variantes desconocidas.

- **Detección de Amenazas Persistentes Avanzadas (APT):** La IA puede rastrear actividades sofisticadas y persistentes que buscan infiltrarse y mantenerse ocultas dentro de una red.

- **Análisis de Tráfico de Red:** Utilizando IA para inspeccionar el tráfico en busca de comunicaciones inusuales que podrían indicar exfiltración de datos o comando y control.

4. Aplicaciones y Herramientas para la Detección de Amenazas

Existen diversas aplicaciones y herramientas que emplean IA para mejorar la detección de amenazas. Algunas de las más destacadas incluyen:

- **Darktrace:** Utiliza IA para crear un "cuerpo de conocimiento" de la red y detectar anomalías en tiempo real.
- **Splunk AI:** Integración de capacidades de machine learning para analizar grandes volúmenes de datos y detectar amenazas emergentes.
- **IBM QRadar con Watson:** Combina la plataforma QRadar con las capacidades cognitivas de Watson para mejorar la detección y respuesta a incidentes.
- **Cortex XDR de Palo Alto Networks:** Plataforma que utiliza IA para correlacionar datos de múltiples fuentes y detectar amenazas avanzadas.

5. Caso Práctico: Implementación de IA en Detección de Amenazas

Escenario: Una empresa mediana enfrenta un aumento en intentos de acceso no autorizado y malware dirigido.

Objetivo: Implementar una solución de IA para mejorar la detección y respuesta a estas amenazas.

Pasos Seguidos:

1. **Evaluación de Necesidades:** Identificación de las áreas más vulnerables y tipos de amenazas recurrentes.
2. **Selección de Herramientas:** Decisión de implementar Darktrace para la monitorización continua y detección de anomalías.
3. **Integración con Infraestructura Existente:** Configuración de sensores en puntos clave de la red para recopilar datos en tiempo real.
4. **Entrenamiento del Modelo de IA:** Permitir que la IA aprenda el comportamiento normal de la red

durante un período de observación.

5. **Monitoreo y Ajuste:** Ajustar los parámetros de detección para reducir falsos positivos y mejorar la precisión.

6. **Resultados:** Reducción significativa en incidentes de seguridad no detectados y respuesta más rápida a amenazas emergentes.

Lecciones Aprendidas:

- La importancia de un período de entrenamiento adecuado para la IA.
- La necesidad de combinar herramientas de IA con prácticas de seguridad tradicionales.
- La mejora en la eficiencia operativa y la reducción de tiempos de respuesta a incidentes.

6. Para Refelxionar...

1. **Reflexión Personal:** ¿Cómo podría la implementación de IA en la detección de amenazas cambiar la forma en que tu organización aborda la ciberseguridad?

2. **Análisis Crítico:** ¿Cuáles son los posibles desafíos y limitaciones de confiar en la IA para la detección de amenazas?

3. **Aplicación Práctica:** ¿Qué medidas adicionales podrías tomar para complementar las capacidades de la IA en la protección de tu infraestructura digital?

4. **Ética y Responsabilidad:** ¿Qué consideraciones éticas deben tenerse en cuenta al implementar sistemas de IA que monitorizan el comportamiento de los usuarios?

Este capítulo ha explorado cómo la inteligencia artificial está transformando la detección de amenazas en ciberseguridad. Desde la identificación de patrones anómalos hasta la implementación de herramientas avanzadas, la IA ofrece capacidades sin precedentes para proteger infraestructuras digitales. Sin embargo, también es crucial considerar sus limitaciones y complementar estas tecnologías con estrategias de seguridad holísticas.

CAPÍTULO 15: AUTOMATIZACIÓN DE LA CIBERSEGURIDAD CON IA

1. Automatización en Ciberseguridad

Imagina un mundo digital donde las amenazas emergentes son detectadas y neutralizadas en tiempo real, sin intervención humana. Este escenario no es ciencia ficción, sino una realidad cada vez más cercana gracias a la inteligencia artificial (IA). La automatización en ciberseguridad, potenciada por la IA, está transformando la manera en que las organizaciones protegen sus activos digitales, respondiendo a incidentes con una rapidez y precisión que antes eran inimaginables.

La capacidad de la IA para procesar y analizar vastas cantidades de datos en segundos permite a las organizaciones anticiparse y reaccionar ante amenazas de manera proactiva. Este capítulo explorará cómo la IA está revolucionando la automatización en ciberseguridad, desde la respuesta a incidentes hasta el análisis de malware y las pruebas de penetración, además de presentar las herramientas más avanzadas disponibles en el mercado.

2. IA en la Automatización de la Respuesta a Incidentes

Cuando ocurre un incidente de seguridad, cada segundo

cuenta. La IA puede actuar como un guardián incansable, monitorizando sistemas las 24 horas del día y respondiendo automáticamente a amenazas detectadas. Por ejemplo, si un comportamiento sospechoso se identifica en la red, una solución basada en IA puede aislar automáticamente el dispositivo afectado, bloqueando así la propagación del ataque antes de que cause un daño mayor.

Esta capacidad de respuesta rápida no solo minimiza el impacto de los incidentes, sino que también libera a los profesionales de ciberseguridad para enfocarse en tareas más estratégicas. ¿Cómo cambiaría la dinámica de tu equipo de seguridad si pudieras confiar en que las amenazas se mitigan automáticamente en cuestión de segundos?

3. Automatización del Análisis de Malware y Penetration Testing

El análisis de malware y las pruebas de penetración (penetration testing) son procesos cruciales pero intensivos en tiempo y recursos. La IA ha revolucionado estos procesos al automatizar tareas que antes requerían una intervención manual extensa.

Análisis de Malware Automatizado: La IA puede analizar archivos sospechosos y detectar patrones que indican la presencia de malware, incluso variantes desconocidas. Mediante técnicas de aprendizaje automático, los sistemas pueden identificar comportamientos maliciosos sin necesidad de actualizaciones constantes de firmas.

Penetration Testing Automatizado: Las herramientas de IA pueden realizar pruebas de penetración simulando ataques reales para identificar vulnerabilidades en los sistemas. Estas herramientas no solo ejecutan una variedad de ataques automáticamente, sino que también analizan los resultados para proporcionar recomendaciones específicas sobre cómo mitigar las vulnerabilidades detectadas.

Imagina reducir el tiempo necesario para realizar un análisis de malware de horas a minutos, o identificar vulnerabilidades críticas en tu infraestructura en tiempo real durante una prueba de penetración. La eficiencia y efectividad que la IA aporta a estos procesos son incomparables.

4. Herramientas de Automatización de Ciberseguridad con IA

El mercado actual ofrece una variedad de herramientas avanzadas que utilizan IA para automatizar diversas funciones de ciberseguridad. A continuación, se presentan algunas de las más destacadas:

- **IBM Resilient:** Una plataforma que automatiza la respuesta a incidentes, permitiendo una gestión más eficiente y coordinada de los eventos de seguridad.

- **Cortex XSOAR de Palo Alto Networks:** Combina la orquestación de seguridad, automatización y respuesta (SOAR) con capacidades de IA para agilizar la gestión de incidentes.

- **Darktrace:** Utiliza el aprendizaje automático para detectar y responder automáticamente a amenazas en tiempo real, adaptándose continuamente al comportamiento normal de la red.

- **Splunk Phantom:** Ofrece capacidades de automatización para la respuesta a incidentes, integrándose con múltiples herramientas y sistemas para coordinar acciones automatizadas.

Estas herramientas no solo mejoran la velocidad y precisión de las respuestas a incidentes, sino que también permiten una integración fluida con las infraestructuras existentes, potenciando la seguridad sin interrumpir las operaciones diarias.

5. Ejercicio Práctico: Ejemplo de Configuración de Respuestas Automatizadas

Objetivo: Configurar una respuesta automatizada a incidentes utilizando una herramienta basada en IA.

Paso 1: Selección de la Herramienta Elige una herramienta de automatización como **IBM Resilient** o **Cortex XSOAR**. Para este ejercicio, usaremos Cortex XSOAR.

Paso 2: Integración con Sistemas Existentes Conecta Cortex XSOAR con tus sistemas de monitoreo y detección de amenazas existentes. Esto puede incluir firewalls, sistemas de detección de intrusos (IDS), y plataformas de gestión de eventos e información de seguridad (SIEM).

Paso 3: Definición de Playbooks Automatizados Crea un playbook que defina la respuesta a un incidente de acceso no autorizado. Por ejemplo:

- **Detección:** Identificación de múltiples intentos de acceso fallidos.
- **Acción Automática:** Bloqueo de la dirección IP sospechosa.
- **Notificación:** Envío de una alerta al equipo de seguridad.
- **Investigación:** Recolección de logs relacionados para análisis posterior.

Paso 4: Prueba y Ajuste Simula un incidente para probar el playbook. Observa cómo la herramienta responde automáticamente y ajusta los parámetros según sea necesario para optimizar la respuesta y reducir falsos positivos.

Resultados Esperados:

- Respuesta rápida y eficiente a incidentes.
- Reducción de la carga de trabajo manual para el equipo de seguridad.
- Mejora en la detección y mitigación de amenazas en

tiempo real.

Este ejercicio no solo demuestra la capacidad de la IA para automatizar respuestas, sino que también resalta cómo estas herramientas pueden integrarse en los flujos de trabajo existentes para mejorar la postura de seguridad general.

6. Reflexión sobre la Automatización con IA en Ciberseguridad

La automatización impulsada por la IA no es solo una tendencia pasajera, sino una necesidad en el panorama actual de ciberseguridad. Al liberar a los profesionales de tareas repetitivas y permitir una respuesta más rápida y precisa a las amenazas, la IA está redefiniendo el futuro de la protección digital.

Sin embargo, es esencial considerar las implicaciones éticas y operativas de depender en gran medida de la automatización. ¿Cómo equilibras la eficiencia de la automatización con la necesidad de supervisión humana? ¿Qué mecanismos de control y revisión son necesarios para asegurar que las respuestas automatizadas sean apropiadas y efectivas?

La automatización de la ciberseguridad con IA representa una evolución significativa en la manera en que las organizaciones defienden sus activos digitales. Desde la respuesta a incidentes hasta el análisis de malware y las pruebas de penetración, la IA ofrece herramientas poderosas que mejoran la eficiencia y la efectividad de las estrategias de seguridad.

Adoptar estas tecnologías no solo fortalece la capacidad de respuesta ante amenazas, sino que también permite a los profesionales de la ciberseguridad enfocarse en tareas más estratégicas y de alto valor. Al integrar la automatización con IA en tu infraestructura de seguridad, estás dando un paso crucial hacia un entorno digital más seguro y resiliente. Sin embargo, la interacción humana siempre es necesaria en esta industria para discernir y establecer los controles aunque posteriormente algunas de estas tareas se automaticen.

CAPÍTULO 16: IA EN LA EVALUACIÓN DE VULNERABILIDADES

1. Evaluación de Vulnerabilidades con IA

En el dinámico mundo de la ciberseguridad, identificar y mitigar vulnerabilidades de manera eficiente es esencial para proteger los activos digitales de una organización. La evaluación de vulnerabilidades tradicionalmente ha sido un proceso manual y laborioso, propenso a errores humanos y demoras. Sin embargo, la inteligencia artificial (IA) está revolucionando este campo al automatizar y optimizar la detección y priorización de vulnerabilidades en tiempo real.

Imagina poder escanear continuamente tu infraestructura tecnológica, identificando y clasificando vulnerabilidades tan pronto como aparecen, sin necesidad de intervención humana constante. La IA no solo acelera este proceso, sino que también mejora su precisión, permitiendo a las organizaciones responder de manera proactiva a las amenazas emergentes. Este capítulo profundiza en cómo la IA está transformando la evaluación de vulnerabilidades, ofreciendo herramientas avanzadas y estrategias efectivas para fortalecer la postura de seguridad de cualquier entidad.

2. Cómo la IA Evalúa Vulnerabilidades en Tiempo Real

La capacidad de la IA para procesar grandes volúmenes de datos a alta velocidad la convierte en una herramienta invaluable para la evaluación continua de vulnerabilidades. A través de algoritmos de aprendizaje automático y técnicas avanzadas de análisis de datos, la IA puede identificar patrones y anomalías que podrían pasar desapercibidos para los métodos tradicionales.

Monitoreo Continuo: A diferencia de los escaneos periódicos, la IA permite un monitoreo constante de los sistemas, detectando nuevas vulnerabilidades tan pronto como surgen. Esto es crucial en entornos donde las amenazas evolucionan rápidamente y requieren respuestas inmediatas.

Análisis Predictivo: Utilizando modelos predictivos, la IA puede anticipar posibles vulnerabilidades basándose en tendencias históricas y en el comportamiento actual del sistema. Esto permite a las organizaciones adoptar medidas preventivas antes de que las vulnerabilidades sean explotadas.

Reducción de Falsos Positivos: La capacidad de la IA para analizar contextos complejos y correlacionar datos de múltiples fuentes reduce significativamente la incidencia de falsos positivos, mejorando la eficiencia del equipo de seguridad al enfocarse en las amenazas reales.

Integración con Infraestructuras Existentes: Las soluciones basadas en IA se integran fácilmente con las herramientas de seguridad ya implementadas, como sistemas de gestión de eventos e información de seguridad (SIEM) y plataformas de gestión de vulnerabilidades, potenciando sus capacidades sin interrumpir las operaciones diarias.

3. Priorización de Riesgos y Mitigación Automatizada

Identificar una vulnerabilidad es solo el primer paso; su correcta priorización y mitigación son igualmente cruciales para una estrategia de ciberseguridad efectiva. Aquí es donde la IA demuestra su verdadero potencial.

Evaluación de Impacto: La IA puede evaluar el impacto

potencial de cada vulnerabilidad en función de múltiples factores, como la criticidad del activo afectado, la facilidad de explotación y el daño potencial. Esto permite a las organizaciones asignar recursos de manera más eficiente, enfocándose primero en las vulnerabilidades que representan mayores riesgos.

Automatización de Mitigaciones: Una vez identificadas y priorizadas las vulnerabilidades, la IA puede automatizar las acciones de mitigación. Esto puede incluir la aplicación de parches, la reconfiguración de sistemas o la implementación de medidas de seguridad adicionales, todo ello sin intervención humana.

Adaptación Continua: A medida que las amenazas evolucionan, la IA adapta sus estrategias de priorización y mitigación, asegurando que las medidas de seguridad se mantengan efectivas frente a nuevas tácticas de ataque.

Feedback en Tiempo Real: La IA proporciona retroalimentación constante sobre la efectividad de las medidas de mitigación implementadas, permitiendo ajustes rápidos y asegurando una protección continua y optimizada.

4. Herramientas de IA para la Evaluación de Vulnerabilidades

El mercado actual ofrece una variedad de herramientas avanzadas que utilizan IA para mejorar la evaluación de vulnerabilidades. A continuación, se presentan algunas de las más destacadas:

- **Tenable.io:** Esta plataforma utiliza algoritmos de IA para priorizar vulnerabilidades basándose en el riesgo real que representan para la organización, permitiendo una gestión más efectiva de las mismas.
- **Qualys Vulnerability Management:** Integra capacidades de aprendizaje automático para identificar y clasificar vulnerabilidades,

proporcionando insights accionables para su mitigación.

- **Rapid7 InsightVM:** Emplea IA para ofrecer análisis en tiempo real de vulnerabilidades y priorizar remediaciones basadas en el contexto y el impacto potencial.

- **Nessus con IA Integrada:** Aunque tradicionalmente conocido como un escáner de vulnerabilidades, Nessus ha incorporado elementos de IA para mejorar la precisión y reducir los falsos positivos en sus evaluaciones.

Estas herramientas no solo facilitan la detección y priorización de vulnerabilidades, sino que también ofrecen capacidades avanzadas de integración y automatización, potenciando la eficiencia y efectividad de las estrategias de ciberseguridad.

5. Caso Práctico: Implementación de IA en la Evaluación de Vulnerabilidades

Escenario: Una empresa de tamaño mediano con una infraestructura tecnológica diversa enfrenta desafíos para gestionar y mitigar vulnerabilidades de manera eficiente, debido a la creciente complejidad de su entorno y la limitada capacidad del equipo de seguridad.

Objetivo: Implementar una solución de IA para automatizar la evaluación y priorización de vulnerabilidades, mejorando la capacidad de respuesta y reduciendo la carga de trabajo manual.

Pasos Seguidos:

1. **Evaluación Inicial:** Identificación de las principales fuentes de vulnerabilidades y análisis de las herramientas de seguridad existentes.
2. **Selección de la Herramienta de IA:** Decisión de implementar **Tenable.io** debido a sus capacidades

avanzadas de priorización basadas en riesgo y su integración fluida con las infraestructuras existentes.

3. **Integración y Configuración:** Conexión de Tenable.io con los sistemas de gestión de activos y SIEM de la empresa, estableciendo parámetros para el monitoreo continuo y la evaluación de vulnerabilidades en tiempo real.

4. **Entrenamiento del Modelo de IA:** Alimentación de datos históricos de vulnerabilidades y amenazas para que la IA aprenda y adapte sus algoritmos de priorización según el contexto específico de la empresa.

5. **Implementación de Mitigaciones Automatizadas:** Configuración de acciones automáticas para la aplicación de parches críticos y la reconfiguración de sistemas vulnerables, basándose en las recomendaciones de la IA.

6. **Monitoreo y Ajuste:** Supervisión continua de la eficacia de la solución, ajustando parámetros y refinando los modelos de IA para mejorar la precisión y reducir los falsos positivos.

Resultados:

- **Eficiencia Mejorada:** Reducción del tiempo dedicado a la identificación y priorización de vulnerabilidades en un 60%, permitiendo al equipo de seguridad enfocarse en tareas estratégicas.

- **Mitigación Proactiva:** Implementación automática de parches y medidas de mitigación críticas, reduciendo el tiempo de exposición a vulnerabilidades de días a horas.

- **Precisión Aumentada:** Disminución significativa de falsos positivos, mejorando la confianza del equipo en las alertas generadas por la herramienta.

Lecciones Aprendidas:

- **Importancia de la Integración:** Una integración adecuada con las infraestructuras existentes es crucial para maximizar los beneficios de la IA en la evaluación de vulnerabilidades.
- **Necesidad de Personalización:** Adaptar los modelos de IA al contexto específico de la organización mejora significativamente la precisión y relevancia de las evaluaciones.
- **Monitoreo Continuo:** La eficacia de las soluciones basadas en IA requiere un monitoreo y ajuste constante para mantenerse alineada con las cambiantes dinámicas de amenazas.

6. Reflexión sobre la Evaluación de Vulnerabilidades con IA

La incorporación de la IA en la evaluación de vulnerabilidades representa un avance significativo en la capacidad de las organizaciones para protegerse contra amenazas emergentes. Al automatizar y optimizar la detección y priorización de vulnerabilidades, la IA no solo mejora la eficiencia operativa, sino que también fortalece la postura de seguridad global.

Sin embargo, es esencial mantener un equilibrio entre la automatización y la supervisión humana. La IA es una herramienta poderosa, pero su efectividad depende de la calidad de los datos y de la correcta configuración de los algoritmos. ¿Cómo puede tu organización asegurar que las soluciones de IA se implementen de manera efectiva, maximizando sus beneficios mientras se mitigan sus limitaciones?

7. Integración de la IA en la Estrategia de Ciberseguridad

Adoptar la IA para la evaluación de vulnerabilidades no es simplemente una cuestión de tecnología, sino de estrategia. Implica reconfigurar procesos, capacitar al personal y fomentar una cultura de seguridad proactiva. Al integrar la IA de manera efectiva, las organizaciones pueden anticiparse a las amenazas, responder de manera más rápida y eficiente, y, en última instancia, crear entornos digitales más seguros y resilientes.

La evolución de la ciberseguridad está intrínsecamente ligada a los avances tecnológicos, y la IA se posiciona como un aliado indispensable en esta lucha constante contra las amenazas digitales. Al comprender y aprovechar sus capacidades, las organizaciones pueden no solo mantenerse al día con las amenazas actuales, sino también prepararse para los desafíos futuros que la tecnología y el cibercrimen presentarán.

Este capítulo ha explorado cómo la inteligencia artificial está transformando la evaluación de vulnerabilidades, ofreciendo herramientas y estrategias que mejoran la eficiencia y efectividad de las prácticas de ciberseguridad. La adopción de la IA en este ámbito no solo optimiza los procesos existentes, sino que también abre nuevas posibilidades para una protección más robusta y proactiva en el siempre cambiante panorama digital.

CAPÍTULO 17: IA EN LA SEGURIDAD DE LA NUBE

1. Seguridad en la Nube y el Papel de la IA

En la era digital actual, la adopción de servicios en la nube se ha convertido en un pilar fundamental para las organizaciones que buscan flexibilidad, escalabilidad y eficiencia en sus operaciones. Sin embargo, esta transición también trae consigo desafíos significativos en términos de seguridad. La protección de datos sensibles, la gestión de accesos y la detección de amenazas en entornos cloud requieren soluciones avanzadas que puedan adaptarse a la dinámica y complejidad de estos entornos.

Aquí es donde la inteligencia artificial (IA) entra en juego, ofreciendo capacidades que superan las de los métodos tradicionales. La IA no solo mejora la detección y respuesta a amenazas, sino que también optimiza la gestión de la seguridad en la nube mediante la automatización y el análisis predictivo. Este capítulo explora cómo la IA está transformando la seguridad en la nube, proporcionando herramientas y estrategias que fortalecen la protección de los activos digitales en entornos híbridos y públicos.

2. IA para la Monitorización y Protección en Entornos Cloud

La monitorización continua y la protección proactiva son

esenciales para mantener la seguridad en la nube. La IA facilita estos procesos mediante el análisis en tiempo real de grandes volúmenes de datos, identificando patrones y anomalías que podrían indicar actividades maliciosas.

Monitorización Inteligente: La IA puede supervisar continuamente las actividades en la nube, analizando el tráfico de red, los accesos a datos y las configuraciones de los servicios. Mediante el aprendizaje automático, los sistemas pueden distinguir entre comportamientos normales y anómalos, permitiendo una detección temprana de posibles amenazas.

Protección Proactiva: Más allá de la detección, la IA puede implementar medidas de protección automáticamente. Por ejemplo, si se detecta un acceso no autorizado, la IA puede aislar la instancia afectada, bloquear la dirección IP sospechosa y notificar al equipo de seguridad sin intervención humana, reduciendo el tiempo de respuesta y limitando el daño potencial.

Automatización de Respuestas: La capacidad de la IA para automatizar respuestas a incidentes libera a los profesionales de ciberseguridad de tareas repetitivas, permitiéndoles enfocarse en estrategias más complejas y de alto impacto. Esto no solo mejora la eficiencia operativa, sino que también fortalece la postura de seguridad general de la organización.

3. Herramientas de IA para Detectar Anomalías en la Nube

Existen diversas herramientas que integran IA para mejorar la detección de anomalías en entornos cloud. Estas herramientas utilizan algoritmos avanzados para analizar datos en tiempo real y detectar comportamientos inusuales que podrían indicar una amenaza.

- **Microsoft Azure Sentinel:** Un servicio de SIEM (Security Information and Event Management) que utiliza IA para analizar grandes volúmenes de datos y detectar amenazas avanzadas en tiempo real. Azure Sentinel puede correlacionar eventos de múltiples fuentes, proporcionando una visión unificada de la seguridad en la nube.

- **AWS GuardDuty:** Un servicio de detección de amenazas que utiliza machine learning, análisis de comportamiento y fuentes de inteligencia de amenazas para identificar actividades maliciosas en las cuentas de AWS. GuardDuty puede detectar comportamientos anómalos, como accesos desde ubicaciones inusuales o intentos de explotación de vulnerabilidades conocidas.

- **Google Cloud Security Command Center:** Una plataforma que utiliza IA para identificar y priorizar riesgos de seguridad en Google Cloud. La herramienta proporciona una vista centralizada de las vulnerabilidades y amenazas, permitiendo una respuesta rápida y eficaz.

- **Darktrace Cloud:** Utiliza algoritmos de aprendizaje automático para crear un modelo de comportamiento normal de la red y detectar desviaciones que podrían indicar actividades maliciosas. Darktrace Cloud puede identificar amenazas internas y externas, proporcionando alertas en tiempo real y recomendaciones de respuesta.

4. Casos de Uso en Entornos de Nubes Híbridas y Públicas

La implementación de IA en la seguridad de la nube no se limita a entornos puramente públicos; también es altamente efectiva en configuraciones híbridas, donde coexisten infraestructuras on-premises y servicios cloud.

Entornos Híbridos: En un entorno híbrido, la IA puede monitorizar y proteger tanto los sistemas on-premises como los servicios en la nube, proporcionando una visión unificada de la seguridad. Por ejemplo, una empresa que utiliza tanto servidores locales como servicios de AWS puede beneficiarse de una solución de IA que analice datos de ambos entornos para detectar amenazas que podrían moverse entre ellos.

Nubes Públicas: En las nubes públicas, la IA puede gestionar la seguridad de manera escalable, adaptándose a la fluctuación de recursos y usuarios. Por ejemplo, durante periodos de alto tráfico, la IA puede ajustar dinámicamente las reglas de seguridad para manejar el aumento de solicitudes, manteniendo la integridad y disponibilidad de los servicios.

Casos Prácticos:

- **Empresa Global de Comercio Electrónico:** Implementó Azure Sentinel para monitorizar sus servicios en múltiples regiones y entornos híbridos. La IA permitió detectar intentos de fraude y accesos no autorizados en tiempo real, mejorando significativamente la seguridad y reduciendo las pérdidas por actividades maliciosas.
- **Proveedor de Servicios Financieros:** Utilizó AWS GuardDuty para proteger sus aplicaciones financieras en la nube. La IA identificó patrones de comportamiento anómalo que indicaban intentos de phishing y robo de credenciales, permitiendo una respuesta inmediata y mitigando el riesgo de brechas de datos.

5. Ejercicio Práctico: Implementación de IA en la Seguridad de la Nube

Objetivo: Configurar una herramienta de IA para mejorar la seguridad en un entorno de nube pública utilizando AWS GuardDuty.

Paso 1: Configuración Inicial

- **Crear una Cuenta en AWS:** Si aún no tienes una cuenta, regístrate en AWS y accede a la consola de administración.

- **Activar GuardDuty:** Navega a la sección de GuardDuty en la consola de AWS y actívalo. GuardDuty comenzará a monitorizar automáticamente las actividades en tu cuenta.

Paso 2: Integración con Servicios Existentes

- **Integrar con AWS CloudTrail y VPC Flow Logs:** Asegúrate de que GuardDuty tenga acceso a los logs de CloudTrail y VPC Flow Logs para analizar las actividades de API y el tráfico de red.

- **Configurar Notificaciones:** Utiliza Amazon SNS (Simple Notification Service) para recibir alertas en tiempo real cuando GuardDuty detecte actividades sospechosas.

Paso 3: Definición de Reglas y Umbrales

- **Personalizar las Reglas de Detección:** Ajusta las reglas de detección de GuardDuty para adaptarlas a las necesidades específicas de tu organización. Por ejemplo, puedes definir umbrales más bajos para ciertos tipos de actividad en entornos altamente sensibles.

- **Configurar Respuestas Automatizadas:** Utiliza AWS Lambda para crear funciones que respondan automáticamente a ciertas alertas, como bloquear direcciones IP sospechosas o revocar credenciales comprometidas.

Paso 4: Monitoreo y Optimización

- **Revisar Alertas Regularmente:** Monitorea las

alertas generadas por GuardDuty y ajusta las reglas según sea necesario para reducir falsos positivos y mejorar la precisión de las detecciones.

- **Actualizar y Mejorar:** Mantén la herramienta actualizada con las últimas definiciones y mejoras proporcionadas por AWS para asegurar una protección continua y efectiva.

Resultados Esperados:

- **Detección Temprana de Amenazas:** Identificación rápida de actividades maliciosas, permitiendo una respuesta inmediata y efectiva.

- **Reducción de Falsos Positivos:** Mejora en la precisión de las alertas, permitiendo al equipo de seguridad enfocarse en amenazas reales.

- **Automatización de Respuestas:** Respuestas rápidas y consistentes a incidentes, minimizando el impacto de las amenazas y reduciendo la carga de trabajo manual.

6. Reflexión sobre la IA en la Seguridad de la Nube

La integración de la IA en la seguridad de la nube representa un avance significativo en la capacidad de las organizaciones para proteger sus activos digitales en entornos cada vez más complejos y dinámicos. La capacidad de la IA para analizar grandes volúmenes de datos en tiempo real, detectar patrones anómalos y automatizar respuestas a incidentes no solo mejora la eficiencia operativa, sino que también fortalece la postura de seguridad general.

Sin embargo, es crucial mantener un equilibrio entre la automatización y la supervisión humana. La IA es una herramienta poderosa, pero su efectividad depende de la calidad de los datos y de la correcta configuración de los algoritmos.

Además, la confianza en la IA debe complementarse con una comprensión profunda de sus limitaciones y un enfoque proactivo para mitigar posibles vulnerabilidades.

¿Cómo puede tu organización maximizar los beneficios de la IA en la seguridad de la nube mientras garantiza una supervisión y control adecuados? Reflexionar sobre esta pregunta es esencial para implementar soluciones de IA que no solo sean tecnológicamente avanzadas, sino también alineadas con los objetivos estratégicos y las necesidades específicas de seguridad de tu organización.

7. Integración de la IA en la Estrategia de Seguridad de la Nube

Adoptar la IA para la seguridad en la nube no es simplemente una cuestión de implementar nuevas herramientas, sino de reconfigurar la estrategia de seguridad para aprovechar al máximo sus capacidades. Esto implica:

- **Capacitación del Personal:** Asegurar que los equipos de seguridad estén capacitados para trabajar con herramientas de IA y comprender sus capacidades y limitaciones.

- **Cultura de Seguridad Proactiva:** Fomentar una mentalidad proactiva en la gestión de la seguridad, donde la IA se utilice como una herramienta para anticipar y mitigar amenazas antes de que se materialicen.

- **Evaluación Continua:** Realizar evaluaciones periódicas de las soluciones de IA implementadas para asegurar que sigan siendo efectivas frente a las amenazas emergentes y que se adapten a los cambios en la infraestructura de la nube.

La evolución de la seguridad en la nube está estrechamente ligada a los avances tecnológicos, y la IA se posiciona como un aliado indispensable en esta lucha constante contra las amenazas digitales. Al comprender y aprovechar sus capacidades, las organizaciones pueden no solo mantenerse al día con las amenazas actuales, sino también prepararse para los desafíos futuros que la tecnología y el cibercrimen presentarán.

Este capítulo ha explorado cómo la inteligencia artificial está transformando la seguridad en la nube, proporcionando herramientas y estrategias que mejoran la monitorización, detección y respuesta a amenazas en entornos híbridos y públicos. La adopción de la IA en este ámbito no solo optimiza los procesos de seguridad existentes, sino que también abre nuevas posibilidades para una protección más robusta y proactiva en el siempre cambiante panorama digital.

CAPÍTULO 18: IA EN LA GESTIÓN DE IDENTIDADES Y ACCESOS

1. Gestión de Identidades y Accesos con IA

En el corazón de cualquier estrategia de ciberseguridad efectiva se encuentra la gestión de identidades y accesos (IAM, por sus siglas en inglés). A medida que las organizaciones crecen y sus infraestructuras digitales se vuelven más complejas, garantizar que solo las personas autorizadas tengan acceso a los recursos adecuados se convierte en una tarea cada vez más desafiante. Aquí es donde la inteligencia artificial (IA) desempeña un papel transformador, ofreciendo soluciones avanzadas que superan las limitaciones de los métodos tradicionales.

Imagina un sistema de seguridad que no solo verifica la identidad de un usuario en el momento del acceso, sino que también aprende y se adapta a sus comportamientos para anticipar y prevenir accesos no autorizados antes de que ocurran. Este es el poder de la IA en la gestión de identidades y accesos. Este capítulo explora cómo la IA está revolucionando el IAM, mejorando tanto la seguridad como la experiencia del usuario mediante la automatización, el análisis predictivo y la autenticación adaptativa.

2. IA Aplicada al Control de Acceso y Autenticación

La autenticación y el control de acceso son componentes esenciales del IAM. Tradicionalmente, estos procesos se han basado en métodos estáticos como contraseñas y tokens. Sin embargo, estos métodos pueden ser vulnerables a ataques como el phishing, el robo de credenciales y la reutilización de contraseñas. La IA introduce un nivel de sofisticación que refuerza estos procesos, haciéndolos más dinámicos y seguros.

Autenticación Multifactor Inteligente: La IA puede analizar múltiples factores de autenticación en tiempo real, como la ubicación geográfica, el dispositivo utilizado, la hora del acceso y el comportamiento del usuario. Por ejemplo, si un usuario intenta acceder desde una ubicación inusual o desde un dispositivo desconocido, la IA puede exigir una autenticación adicional o incluso bloquear el acceso hasta que se verifique la legitimidad del intento.

Análisis de Comportamiento del Usuario (UBA): La IA puede monitorear y analizar el comportamiento de los usuarios para identificar patrones normales y detectar anomalías que podrían indicar intentos de acceso no autorizados. Si un usuario habitualmente accede a ciertos recursos durante el día desde una ubicación específica, pero de repente intenta acceder a recursos sensibles a altas horas de la noche desde una ubicación diferente, la IA puede marcar este comportamiento como sospechoso y activar medidas de seguridad adicionales.

Autenticación Biométrica Avanzada: La IA potencia las tecnologías biométricas, como el reconocimiento facial, de huellas dactilares y de voz, haciendo que estas sean más precisas y difíciles de falsificar. Además, la IA puede combinar múltiples métodos biométricos para crear una capa de seguridad adicional, reduciendo significativamente el riesgo de accesos no autorizados.

3. Herramientas de IA para la Gestión Adaptativa de Identidades

La gestión adaptativa de identidades (IAM adaptativa) utiliza la IA para ajustar dinámicamente los niveles de acceso basándose en el contexto y el comportamiento del usuario. Esto permite una seguridad más granular y personalizada, adaptándose a las necesidades cambiantes de la organización y sus empleados.

Sistemas de Gestión de Identidades Basados en IA: Herramientas como **Okta** y **Microsoft Azure Active Directory (AD)** han incorporado capacidades de IA para mejorar la gestión de identidades. Estas plataformas utilizan algoritmos de aprendizaje automático para analizar patrones de acceso y comportamiento, ajustando automáticamente los permisos y detectando posibles amenazas sin intervención manual constante.

Autenticación Adaptativa: La IA permite la autenticación adaptativa, donde el sistema evalúa continuamente el contexto del acceso y ajusta los requisitos de autenticación en consecuencia. Por ejemplo, si un usuario normalmente accede desde una red segura y de repente intenta acceder desde una red pública, el sistema puede requerir una autenticación adicional para asegurar la legitimidad del acceso.

Prevención de Amenazas Internas: La IA puede identificar comportamientos anómalos dentro de una organización que podrían indicar amenazas internas, como empleados descontentos o negligentes. Al analizar patrones de acceso y uso de recursos, la IA puede detectar actividades inusuales y alertar a los equipos de seguridad para que tomen medidas preventivas.

4. Casos Prácticos en Autenticación Biométrica e Identificación Basada en Comportamiento

Para comprender mejor cómo la IA está transformando el IAM, consideremos algunos casos prácticos que ilustran su aplicación en la autenticación biométrica y la identificación basada en comportamiento.

Caso Práctico 1: Autenticación Facial en una Empresa

Financiera

Escenario: Una empresa financiera necesita garantizar que solo los empleados autorizados puedan acceder a sistemas críticos que manejan información sensible de clientes.

Implementación:

- **Tecnología Utilizada:** Reconocimiento facial potenciado por IA.
- **Proceso:** Cada vez que un empleado intenta acceder al sistema, su rostro es escaneado y comparado con una base de datos segura. La IA analiza no solo las características faciales estáticas, sino también los micro-movimientos y expresiones faciales para verificar la autenticidad.
- **Resultado:** Se reduce significativamente el riesgo de accesos no autorizados mediante el uso de fotografías falsas o videos, ya que la IA puede detectar intentos de engaño basándose en comportamientos faciales sutiles.

Caso Práctico 2: Identificación Basada en Comportamiento en una Empresa de Tecnología

Escenario: Una empresa de tecnología desea protegerse contra accesos no autorizados por parte de empleados internos que podrían tener intenciones maliciosas.

Implementación:

- **Tecnología Utilizada:** Análisis de comportamiento del usuario (UBA) basado en IA.
- **Proceso:** La IA monitorea continuamente las actividades de los empleados, analizando patrones de acceso a archivos, tiempos de inicio de sesión y tipos de acciones realizadas. Si un empleado

comienza a acceder a grandes volúmenes de datos confidenciales fuera de sus responsabilidades habituales, la IA genera una alerta.

- **Resultado:** La empresa puede detectar y responder rápidamente a posibles amenazas internas antes de que causen daños significativos, protegiendo así sus activos y datos sensibles.

5. Ejercicio Práctico: Implementación de Autenticación Adaptativa con IA

Objetivo: Configurar una solución de autenticación adaptativa utilizando Microsoft Azure Active Directory (Azure AD) y sus capacidades de IA.

Paso 1: Configuración Inicial

- **Acceso a Azure AD:** Inicia sesión en el portal de Azure y navega a la sección de Azure Active Directory.
- **Activar la Autenticación Multifactor (MFA):** Configura MFA para todos los usuarios, asegurando que cada intento de acceso requiera múltiples factores de autenticación.

Paso 2: Implementación de Políticas de Acceso Condicional

- **Definir Reglas de Acceso:** Establece políticas que definan las condiciones bajo las cuales se requieren diferentes niveles de autenticación. Por ejemplo, accesos desde ubicaciones geográficas inusuales o dispositivos no registrados.
- **Integrar IA para Evaluación de Riesgo:** Utiliza las capacidades de IA de Azure AD para evaluar el riesgo de cada intento de acceso basándose en factores como el comportamiento histórico del usuario y el

contexto del acceso.

Paso 3: Monitoreo y Ajuste de las Políticas

- **Revisar Alertas de IA:** Supervisa las alertas generadas por la IA para identificar posibles accesos no autorizados o comportamientos anómalos.

- **Ajustar Políticas según Necesario:** Basándote en los datos recopilados y las alertas recibidas, ajusta las políticas de acceso condicional para mejorar la precisión y reducir falsos positivos.

Resultados Esperados:

- **Mejora en la Seguridad:** Accesos no autorizados detectados y bloqueados en tiempo real, reduciendo el riesgo de brechas de seguridad.

- **Experiencia de Usuario Optimizada:** Usuarios legítimos experimentan una autenticación fluida mientras que accesos sospechosos son manejados de manera efectiva.

- **Reducción de Falsos Positivos:** Ajustes continuos basados en el análisis de la IA minimizan las interrupciones para usuarios legítimos.

6. Reflexión sobre la Gestión de Identidades y Accesos con IA

La integración de la IA en la gestión de identidades y accesos no solo fortalece la seguridad, sino que también mejora la eficiencia operativa y la experiencia del usuario. Al automatizar procesos complejos y adaptativos, la IA permite a las organizaciones mantenerse un paso adelante frente a las amenazas emergentes, garantizando que solo las personas autorizadas tengan acceso a los recursos adecuados en el momento preciso.

No obstante, es fundamental abordar ciertos desafíos para maximizar los beneficios de la IA en el IAM. La precisión de los algoritmos de IA depende en gran medida de la calidad de los datos utilizados para entrenarlos. Por lo tanto, mantener bases de datos limpias y actualizadas es crucial. Además, es importante equilibrar la automatización con la supervisión humana para asegurar que las decisiones tomadas por la IA sean éticas y alineadas con los objetivos estratégicos de la organización.

¿Cómo puede tu organización aprovechar al máximo las capacidades de la IA en la gestión de identidades y accesos, asegurando al mismo tiempo que se mantenga un control humano adecuado? Considerar estas preguntas es esencial para implementar soluciones de IAM basadas en IA que sean tanto efectivas como responsables.

7. Integración de la IA en la Estrategia de IAM

Adoptar la IA en la gestión de identidades y accesos requiere una reestructuración estratégica que abarca tecnología, procesos y cultura organizacional. A continuación, se presentan algunas consideraciones clave para una integración exitosa:

Capacitación y Desarrollo del Personal: Es crucial que los equipos de seguridad y TI estén capacitados para trabajar con herramientas de IAM basadas en IA. Esto incluye comprender cómo funcionan los algoritmos de IA, interpretar los resultados y ajustar las configuraciones para optimizar la seguridad sin comprometer la usabilidad.

Cultura de Seguridad Proactiva: Fomentar una cultura donde la seguridad es una responsabilidad compartida y proactiva. La IA puede automatizar y detectar, pero la toma de decisiones estratégicas y la supervisión final deben estar alineadas con los valores y objetivos de la organización.

Evaluación y Actualización Continua: La IA y las amenazas cibernéticas evolucionan constantemente. Es fundamental evaluar periódicamente la efectividad de las soluciones de IAM basadas en IA, realizar actualizaciones y ajustes según sea necesario, y mantenerse al tanto de las innovaciones en el campo para mantener una postura de seguridad robusta.

Al integrar la IA en la gestión de identidades y accesos, las organizaciones no solo refuerzan sus defensas contra amenazas internas y externas, sino que también optimizan sus operaciones y mejoran la experiencia de sus usuarios. La IA se posiciona como un aliado indispensable en la creación de entornos digitales seguros, adaptativos y resilientes, preparados para enfrentar los desafíos de la ciberseguridad del futuro.

Este capítulo ha explorado cómo la inteligencia artificial está transformando la gestión de identidades y accesos, proporcionando herramientas y estrategias que mejoran tanto la seguridad como la eficiencia operativa. Al adoptar la IA en el IAM, las organizaciones pueden anticiparse a las amenazas, responder de manera más efectiva y crear entornos digitales más seguros y adaptativos.

CAPÍTULO 19: IA EN LA SEGURIDAD DE DISPOSITIVOS IOT

1. Seguridad de Dispositivos IoT con IA

El Internet de las Cosas (IoT) ha revolucionado la manera en que interactuamos con el mundo digital y físico. Desde dispositivos en el hogar, como termostatos inteligentes y cámaras de seguridad, hasta maquinaria industrial conectada, el IoT está omnipresente en nuestra vida diaria y en operaciones empresariales. Sin embargo, este crecimiento exponencial también ha generado un desafío crítico: la seguridad.

A medida que más dispositivos se conectan a internet, aumentan las oportunidades para que actores maliciosos exploten vulnerabilidades. Los dispositivos IoT, incluidos los vehículos inteligentes, suelen tener capacidades de seguridad limitadas, lo que los convierte en objetivos atractivos para los cibercriminales. Aquí es donde la inteligencia artificial (IA) juega un papel fundamental en la protección de estas redes, proporcionando capacidades avanzadas para la monitorización, detección de anomalías y mitigación de riesgos.

Este capítulo explora cómo la IA está transformando la seguridad en el ámbito del IoT, abordando los desafíos específicos que presentan estos dispositivos, incluidos los **vehículos inteligentes**, y ofreciendo soluciones para mejorar su protección.

2. Cómo la IA Ayuda a Asegurar Dispositivos IoT

La inteligencia artificial es particularmente efectiva en la seguridad de dispositivos IoT debido a su capacidad para analizar enormes volúmenes de datos generados por estos dispositivos, identificar patrones de comportamiento y detectar anomalías en tiempo real.

Análisis Predictivo de Comportamiento: Uno de los mayores desafíos en la seguridad del IoT es que los dispositivos suelen tener comportamientos muy variados, dependiendo de su función. La IA puede aprender los patrones normales de cada dispositivo en la red, desde sensores de temperatura hasta vehículos inteligentes, y detectar rápidamente cualquier desviación que pueda indicar un comportamiento malicioso.

Detección y Respuesta Automática: La IA puede detectar ataques o intentos de intrusión en tiempo real y actuar de inmediato para bloquear accesos no autorizados, aislar dispositivos comprometidos o modificar las políticas de seguridad en función del comportamiento anómalo detectado. Esto es especialmente útil en redes con miles o millones de dispositivos, donde el monitoreo manual sería imposible.

Gestión de Vulnerabilidades: Muchos dispositivos IoT no se actualizan regularmente, lo que deja vulnerabilidades abiertas a ser explotadas. La IA puede identificar y priorizar estas vulnerabilidades, alertando a los equipos de TI para que apliquen parches o implementen medidas de mitigación de riesgos.

Mitigación de Botnets IoT: Los dispositivos IoT son un objetivo principal para la creación de botnets, como fue el caso del famoso ataque Mirai, donde miles de dispositivos IoT fueron utilizados para llevar a cabo ataques DDoS. La IA es capaz de identificar señales tempranas de actividad sospechosa que pueden estar relacionadas con la formación de botnets y tomar acciones antes de que el ataque ocurra.

3. Nuevas Vulnerabilidades en Vehículos Inteligentes

Los vehículos inteligentes, que combinan tecnología avanzada de IoT con capacidades de conducción autónoma, conectividad y sensores, están transformando el sector del transporte. Sin embargo, con estas innovaciones vienen nuevos desafíos en términos de seguridad. A continuación, se exploran las principales vulnerabilidades que enfrentan los vehículos inteligentes y cómo la IA está ayudando a mitigar estos riesgos:

1. Acceso Remoto No Autorizado

Muchos vehículos inteligentes están conectados a internet y permiten el acceso remoto a través de aplicaciones móviles para realizar acciones como abrir puertas, arrancar el motor o controlar el sistema de entretenimiento. Esta conectividad también puede ser una puerta de entrada para actores malintencionados que buscan controlar el vehículo a distancia.

Ataques Posibles:

- **Secuestro del Vehículo:** Los cibercriminales pueden explotar vulnerabilidades en las aplicaciones móviles para acceder a los controles del vehículo y robarlo.

- **Deshabilitación Remota de Sistemas de Seguridad:** Los sistemas de seguridad del vehículo, como los frenos o el control de velocidad, pueden ser desactivados a través de un ataque remoto, poniendo en riesgo la seguridad de los pasajeros.

Cómo la IA Ayuda:

- **Detección de Accesos Anómalos:** La IA puede monitorear el acceso remoto al vehículo, analizando patrones de uso normales para detectar intentos de acceso inusuales y bloquearlos antes de que se realice cualquier acción maliciosa.

- **Autenticación Multifactor Inteligente:** Integrando IA en el sistema de autenticación, los vehículos pueden exigir múltiples factores de verificación, como el reconocimiento facial o de voz, para autorizar el acceso.

2. Manipulación de Sensores y Sistemas de Navegación

Los vehículos inteligentes dependen de una red de sensores y sistemas de navegación que les permiten detectar obstáculos, leer señales de tráfico y tomar decisiones críticas en tiempo real. Estos sistemas son vulnerables a ataques de manipulación.

Ataques Posibles:

- **Ataques de Señales Falsas (Spoofing):** Los atacantes pueden enviar señales falsas al sistema de navegación por GPS del vehículo, desviándolo de su ruta o haciéndolo creer que está en una ubicación diferente.

- **Manipulación de Sensores:** Los sensores de proximidad, cámaras y radares pueden ser engañados o desactivados, lo que podría llevar al vehículo a tomar decisiones incorrectas, como frenar o acelerar en momentos inapropiados.

Cómo la IA Ayuda:

- **Validación de Datos en Tiempo Real:** La IA puede monitorear los datos recibidos por los sensores y el GPS, validando la información con múltiples fuentes para detectar cualquier intento de manipulación.

- **Reconocimiento de Patrones de Comportamiento Anómalos:** Mediante el análisis continuo de los patrones de comportamiento del vehículo y su entorno, la IA puede identificar irregularidades y tomar medidas preventivas, como alertar al conductor o detener el vehículo.

3. Ataques al Sistema de Entretenimiento y Conectividad

Los sistemas de infoentretenimiento en los vehículos conectados están diseñados para ofrecer a los conductores y pasajeros una experiencia enriquecida, permitiéndoles acceder a internet, utilizar aplicaciones y conectar sus dispositivos móviles. Sin embargo, estos sistemas también pueden convertirse en un punto de entrada para atacantes.

Ataques Posibles:

- **Intercepción de Datos Personales:** Los sistemas de conectividad almacenan y transmiten datos personales, como el historial de navegación o información de cuentas vinculadas, que pueden ser interceptados por atacantes.

- **Ataques a la Red del Vehículo:** Si el sistema de entretenimiento no está bien segmentado del resto de la red del vehículo, los atacantes pueden usarlo como una puerta de entrada para comprometer otras partes del sistema, como el motor o los frenos.

Cómo la IA Ayuda:

- **Monitoreo del Sistema de Conectividad:** La IA puede analizar el tráfico de red del sistema de entretenimiento en tiempo real para identificar posibles intentos de acceso no autorizado o robo de datos.

- **Segmentación Inteligente de Redes:** La IA puede ayudar a segmentar las diferentes redes del vehículo, asegurando que el sistema de entretenimiento esté aislado del sistema crítico de control del vehículo, reduciendo el riesgo de comprometer toda la red.

4. Vulnerabilidades en Actualizaciones de Software Over-the-Air (OTA)

Muchos vehículos inteligentes ahora reciben actualizaciones de software a través de la red, lo que permite corregir errores, añadir funciones y mejorar la seguridad. Sin embargo, si las actualizaciones OTA no están adecuadamente protegidas, pueden convertirse en una vía para introducir malware o comprometer el sistema.

Ataques Posibles:

- **Inyección de Malware:** Los atacantes pueden interceptar las actualizaciones de software OTA e inyectar código malicioso que comprometa el funcionamiento del vehículo.
- **Instalación de Firmware Falso:** Los cibercriminales pueden intentar instalar firmware modificado en el vehículo para manipular sus sistemas y obtener control sobre ellos.

Cómo la IA Ayuda:

- **Verificación de Actualizaciones en Tiempo Real:** La IA puede analizar las actualizaciones de software en tiempo real para verificar su autenticidad y asegurarse de que no contengan código malicioso antes de que se instalen en el vehículo.
- **Análisis Predictivo de Actualizaciones:** Usando machine learning, la IA puede prever posibles vulnerabilidades en futuras actualizaciones basándose en patrones previos, permitiendo que las

empresas automotrices corrijan errores antes de que afecten a los vehículos.

4. Herramientas IA para la Seguridad de Redes IoT y Vehículos Inteligentes

A medida que los vehículos inteligentes se vuelven más comunes, las herramientas de seguridad basadas en IA también están evolucionando para proteger estos dispositivos conectados. Algunas de las soluciones más destacadas incluyen:

- **BlackBerry Jarvis:** Utiliza inteligencia artificial para escanear el código de software de vehículos inteligentes en busca de vulnerabilidades y posibles errores de seguridad. Esta herramienta se enfoca en proteger los sistemas críticos de los automóviles, como los controles de seguridad y la conectividad.
- **Upstream Security:** Plataforma basada en IA que protege los vehículos conectados y sus redes de comunicación, identificando patrones anómalos en el tráfico de red y detectando intentos de ataque en tiempo real.
- **Karamba Security:** Solución de seguridad IoT diseñada específicamente para vehículos inteligentes, que utiliza IA para proteger los controladores electrónicos (ECUs) y garantizar que no se ejecuten comandos no autorizados en los sistemas del vehículo.

5. Ejercicio Práctico: Evaluación de Seguridad en Vehículos Inteligentes

Objetivo: Evaluar la seguridad de un vehículo inteligente utilizando herramientas basadas en IA para identificar vulnerabilidades y mejorar la protección de los sistemas críticos del vehículo.

Paso 1: Escaneo de Vulnerabilidades Utiliza **BlackBerry Jarvis** para escanear el software del vehículo y detectar posibles vulnerabilidades en el código que podrían ser explotadas por actores maliciosos.

Paso 2: Monitoreo de Tráfico de Red Conecta la plataforma **Upstream Security** para monitorear el tráfico de red del vehículo y detectar cualquier intento de acceso no autorizado o comportamiento anómalo.

Paso 3: Simulación de Ataques Realiza una simulación de ataque a los sistemas del vehículo, como la inyección de señales falsas en los sensores, y observa cómo la IA responde y mitiga estos ataques.

Resultados Esperados:

- **Detección Temprana de Vulnerabilidades:** Identificación de vulnerabilidades críticas en el software del vehículo antes de que puedan ser explotadas.
- **Protección en Tiempo Real:** Detección y bloqueo de intentos de acceso no autorizado a los sistemas del vehículo mediante IA.
- **Mejora en la Seguridad General:** Ajustes de configuración basados en los resultados del escaneo y monitoreo para reforzar la seguridad del vehículo.

6. Reflexión sobre la Seguridad de Vehículos Inteligentes con IA

La expansión de los vehículos inteligentes ha abierto una nueva frontera en el campo de la ciberseguridad. Los beneficios de la conectividad y la automatización en los automóviles son indiscutibles, pero también plantean desafíos significativos en términos de protección. La IA se presenta como una herramienta esencial para abordar estos problemas, ofreciendo capacidades avanzadas para detectar y mitigar amenazas en tiempo real.

Es crucial que las organizaciones automotrices y los consumidores estén al tanto de las vulnerabilidades de los vehículos inteligentes y tomen medidas preventivas para proteger sus sistemas. ¿Cómo puedes asegurarte de que tu vehículo conectado esté protegido de los ataques cibernéticos más recientes? ¿Están las empresas automotrices suficientemente preparadas para manejar estas amenazas en constante evolución?

7. Integración de IA en la Estrategia de Seguridad de Vehículos Inteligentes

La integración de IA en la seguridad de vehículos inteligentes no solo es una necesidad técnica, sino también una estrategia a largo plazo para garantizar que los avances en conectividad no se vean comprometidos por amenazas cibernéticas. Aquí hay algunas recomendaciones clave para una implementación exitosa:

Colaboración entre Fabricantes y Desarrolladores de IA: Las empresas automotrices deben colaborar con expertos en IA para integrar soluciones avanzadas en sus vehículos desde la fase de diseño.

Actualización Continua: Los sistemas de IA para la seguridad de los vehículos deben actualizarse regularmente para adaptarse a las nuevas amenazas y vulnerabilidades.

Capacitación en Ciberseguridad para el Consumidor: Los propietarios de vehículos inteligentes deben estar educados sobre los riesgos de seguridad y cómo pueden proteger sus automóviles de posibles ataques.

Al implementar estas estrategias, las organizaciones y los consumidores pueden aprovechar los beneficios de la conectividad en los vehículos inteligentes sin sacrificar la seguridad. La IA, sin duda, será un aliado crucial en este esfuerzo.

Este capítulo ha abordado las nuevas vulnerabilidades que enfrentan los vehículos inteligentes y cómo la inteligencia artificial puede ofrecer soluciones efectivas para mitigar estos riesgos. A medida que los vehículos conectados continúan evolucionando, la IA será indispensable para proteger tanto la seguridad física como la digital de los usuarios.

CAPÍTULO 20: IA EN LA DETECCIÓN DE AMENAZAS INTERNAS

Mientras que las organizaciones suelen centrar gran parte de su atención en protegerse contra amenazas externas, una de las fuentes más dañinas y difíciles de detectar proviene desde dentro: las amenazas internas. Estas amenazas pueden originarse de empleados malintencionados, negligentes o descuidados, proveedores, contratistas o incluso antiguos empleados con acceso a información privilegiada.

Las amenazas internas son especialmente peligrosas porque estas personas suelen tener acceso autorizado a sistemas críticos, lo que les permite actuar sin ser detectados durante largos periodos de tiempo. Sin embargo, la inteligencia artificial (IA) está cambiando el panorama, ofreciendo herramientas avanzadas para la identificación y mitigación de estas amenazas a través del análisis de comportamiento y la detección de patrones anómalos.

En este capítulo, exploraremos cómo la IA ayuda a identificar amenazas internas mediante la monitorización del comportamiento y la correlación de eventos. También discutiremos las limitaciones de estas tecnologías y las mejores prácticas para implementar soluciones efectivas.

¿Qué Son las Amenazas Internas?

Las amenazas internas pueden clasificarse en tres categorías:

1. **Maliciosas**: Empleados o contratistas que deliberadamente roban datos, causan daños o vulneran la seguridad por motivos personales, económicos o de venganza.

2. **Negligentes**: Empleados que, sin intención maliciosa, cometen errores que exponen la organización a riesgos, como el uso de contraseñas débiles o el compartir información sensible accidentalmente.

3. **Comprometidos**: Empleados cuyas credenciales han sido robadas o secuestradas por un atacante externo.

Cómo la IA Detecta Amenazas Internas

La IA se utiliza principalmente para analizar el comportamiento de los usuarios y detectar anomalías que podrían indicar una amenaza interna. Algunas de las técnicas clave incluyen:

1. Análisis de Comportamiento de Usuarios y Entidades (UEBA)

Los sistemas de IA pueden aprender el comportamiento "normal" de los usuarios (cómo acceden a los sistemas, qué archivos utilizan, en qué momentos del día trabajan, etc.). Cualquier desviación significativa de este comportamiento puede ser una señal de alerta.

- **Comportamiento Anómalo**: Por ejemplo, si un empleado que normalmente accede a ciertos sistemas dentro del horario laboral, de repente comienza a descargar grandes volúmenes de datos fuera de horario, la IA puede marcar esta actividad como sospechosa.

- **Reconocimiento de Patrones**: La IA puede reconocer

patrones sutiles de comportamiento que los analistas humanos podrían pasar por alto.

2. Análisis de Contexto

Los sistemas de IA no solo observan el comportamiento del usuario en relación con sus hábitos pasados, sino también en el contexto del entorno global. Por ejemplo:

- **Acceso desde Ubicaciones Extrañas**: Un empleado que accede a los sistemas desde una ubicación geográfica inusual o a través de una VPN desconocida.

- **Uso de Aplicaciones No Autorizadas**: Acciones no habituales, como el uso de software o aplicaciones que normalmente no son requeridos por la función laboral del usuario.

3. Correlación de Eventos

La IA puede correlacionar múltiples eventos para determinar si un conjunto de actividades aparentemente inofensivas constituye una amenaza. Por ejemplo:

- **Acceso a Datos Críticos**: Si un empleado con acceso a datos sensibles comienza a interactuar con dispositivos o redes no seguras, la IA puede correlacionar este comportamiento y generar una alerta.

- **Comportamiento Inusual en la Red**: Comportamientos que podrían parecer normales, pero en conjunto con otras actividades, como cambios en permisos, uso de dispositivos de almacenamiento masivo o intentos de acceder a recursos fuera de su área de responsabilidad, pueden ser señales de amenaza interna.

Casos de Uso de IA para Detectar Amenazas Internas

Caso 1: Robo de Datos por un Empleado Descontento

Un empleado descontento planea robar datos confidenciales para su próximo empleo en una compañía competidora. Comienza a descargar grandes cantidades de datos fuera de horario y utiliza dispositivos externos para almacenarlos. Un sistema de IA detecta este comportamiento anómalo y alerta al equipo de seguridad, que bloquea el acceso del empleado antes de que pueda realizar el robo.

Caso 2: Empleado Comprometido por un Ataque de Phishing

Un empleado es víctima de un ataque de phishing y sus credenciales son robadas. Los atacantes intentan acceder a los sistemas de la empresa desde una ubicación geográfica diferente a la habitual del empleado. La IA detecta el acceso inusual y bloquea el intento automáticamente, alertando al equipo de seguridad.

Limitaciones de la IA en la Detección de Amenazas Internas

Aunque la IA es una herramienta poderosa, tiene algunas limitaciones que deben tenerse en cuenta:

- **Falsos Positivos y Falsos Negativos**: La IA puede generar alertas para actividades que no constituyen una amenaza real, o puede no detectar amenazas que no encajan en patrones anómalos claros.

- **Dependencia de Datos de Calidad**: Los modelos de IA requieren grandes cantidades de datos precisos y representativos para ser efectivos.

- **Costos y Complejidad**: La implementación y mantenimiento de sistemas de IA avanzados pueden ser costosos, y su eficacia depende de la correcta configuración y ajuste de los modelos.

Mejores Prácticas para Implementar IA en la Detección de Amenazas Internas

1. **Entrenamiento de Modelos con Datos Diversos**: Es esencial utilizar datos que representen una amplia variedad de comportamientos y amenazas internas para evitar sesgos y mejorar la precisión.
2. **Monitoreo Continuo y Adaptación**: Los modelos de IA deben ser monitoreados y ajustados continuamente para adaptarse a nuevos patrones de comportamiento y amenazas emergentes.
3. **Integración con Soluciones de Seguridad Existentes**: La IA debe ser parte de un ecosistema de seguridad más amplio, que incluya autenticación multifactor, gestión de identidades y accesos, y análisis forense.
4. **Evaluaciones Periódicas de Seguridad**: Realizar auditorías regulares para asegurar que los sistemas de IA funcionen correctamente y no pasen por alto ninguna amenaza.

El Futuro de la IA en la Detección de Amenazas Internas

Con el tiempo, la IA continuará mejorando en la detección de amenazas internas a medida que se desarrollen algoritmos más avanzados y se acumulen datos adicionales. El futuro verá la integración de técnicas de **aprendizaje federado**, donde los modelos de IA podrán compartir conocimientos sin comprometer la privacidad, y **modelos adaptativos**, que mejorarán continuamente su capacidad para detectar amenazas cada vez más sofisticadas.

La Inteligencia Artificial ofrece un enfoque proactivo y eficiente para la detección de amenazas internas, permitiendo a las organizaciones mitigar riesgos antes de que escalen en incidentes de seguridad. Al adoptar IA y combinarla con estrategias de seguridad tradicionales, las organizaciones pueden protegerse mejor de los riesgos internos, uno de los vectores de ataque más difíciles de gestionar.

CAPÍTULO 21: INTELIGENCIA ARTIFICIAL EN LA DEFENSA CONTRA ATAQUES DDOS

Los **Ataques de Denegación de Servicio Distribuido (DDoS)** representan una de las amenazas más persistentes y disruptivas en el panorama de la ciberseguridad. Estos ataques buscan inundar los recursos de una red, servidor o aplicación con un volumen masivo de tráfico malicioso, provocando su indisponibilidad para usuarios legítimos. Con el crecimiento exponencial de dispositivos conectados y la sofisticación de los métodos de ataque, defenderse contra DDoS se ha vuelto cada vez más desafiante.

La **Inteligencia Artificial (IA)** ha emergido como una herramienta esencial para mejorar las defensas contra ataques DDoS. Al analizar patrones de tráfico en tiempo real y adaptarse rápidamente a nuevas tácticas de ataque, la IA puede proporcionar una capa de protección más efectiva y eficiente que las soluciones tradicionales.

En este capítulo, exploraremos cómo la IA se aplica en la defensa contra ataques DDoS, los beneficios que aporta, las técnicas utilizadas y las consideraciones para su implementación efectiva.

Comprendiendo los Ataques DDoS

Tipos de Ataques DDoS

Los ataques DDoS se pueden clasificar en tres categorías principales:

1. **Ataques Basados en Volumen**: Intentan saturar el ancho de banda de la víctima mediante el envío masivo de datos. Ejemplos incluyen:
   - **Floods de ICMP/Ping**: Envío de grandes cantidades de paquetes ICMP para abrumar al objetivo.
   - **UDP Floods**: Envío de paquetes UDP a puertos aleatorios, provocando respuestas innecesarias y consumo de recursos.

2. **Ataques de Protocolo**: Explotan debilidades en protocolos de red para consumir recursos de procesamiento.
   - **SYN Floods**: Envío de solicitudes SYN sin completar el handshake TCP, agotando la tabla de conexiones.
   - **Ping of Death**: Envío de paquetes ICMP malformados o de gran tamaño que pueden causar fallos en el sistema.

3. **Ataques a Nivel de Aplicación**: Apuntan a capas superiores del modelo OSI, afectando directamente a aplicaciones y servicios.
   - **HTTP Floods**: Envío masivo de solicitudes HTTP para saturar servidores web.
   - **Ataques Slowloris**: Mantener múltiples

conexiones HTTP abiertas y ociosas para agotar recursos.

Desafíos en la Defensa contra DDoS

- **Escala y Complejidad**: Los ataques DDoS pueden alcanzar volúmenes masivos, superando fácilmente las capacidades de defensa tradicionales.
- **Evolución Constante**: Los atacantes desarrollan continuamente nuevas técnicas para evadir las defensas existentes.
- **Distribución Geográfica**: Los ataques provienen de múltiples fuentes, incluyendo botnets globales, lo que dificulta su mitigación.

Aplicación de la IA en la Defensa contra DDoS

La IA mejora la defensa contra DDoS mediante el análisis en tiempo real de patrones de tráfico y la identificación de anomalías que indican un ataque. Algunas de las técnicas clave incluyen:

1. Análisis de Tráfico en Tiempo Real

La IA puede procesar y analizar grandes volúmenes de datos de tráfico de red en tiempo real, identificando patrones sospechosos.

- **Detección de Anomalías**: Mediante algoritmos de aprendizaje automático, la IA establece un modelo del tráfico "normal" y detecta desviaciones significativas.
- **Clasificación de Tráfico**: La IA puede diferenciar entre tráfico legítimo y malicioso, incluso cuando el ataque se camufla para parecer legítimo.

2. Aprendizaje Automático y Deep Learning

Los algoritmos de aprendizaje automático permiten a los

sistemas adaptarse y mejorar con el tiempo.

- **Modelos Supervisados**: Entrenados con datos etiquetados de tráfico legítimo y malicioso, pueden clasificar nuevas muestras con alta precisión.
- **Modelos No Supervisados**: Identifican patrones ocultos y grupos en los datos sin necesidad de etiquetas, útiles para detectar ataques desconocidos.

3. Automatización de Respuestas

La IA puede no solo detectar ataques, sino también responder automáticamente para mitigar su impacto.

- **Redireccionamiento de Tráfico**: Desviar el tráfico malicioso lejos de los recursos críticos.
- **Aplicación de Políticas Dinámicas**: Ajustar reglas de firewall y filtros en tiempo real basándose en la naturaleza del ataque.

4. Predicción de Ataques

Mediante el análisis de datos históricos y tendencias, la IA puede predecir posibles ataques DDoS futuros.

- **Análisis Predictivo**: Identificar patrones que preceden a ataques, como picos inusuales en tráfico o actividad en redes botnet.
- **Preparación Proactiva**: Ajustar configuraciones y recursos antes de que ocurra el ataque.

Técnicas y Algoritmos Utilizados

Algoritmos de Clasificación

- **Máquinas de Vectores de Soporte (SVM)**: Eficaces para clasificar tráfico en categorías binarias (legítimo vs. malicioso).

- **Árboles de Decisión y Bosques Aleatorios**: Útiles para manejar conjuntos de datos complejos y proporcionar interpretabilidad.

Algoritmos de Detección de Anomalías

- **K-Means y Clustering**: Agrupan tráfico similar y detectan grupos anómalos.
- **Autoencoders**: Redes neuronales que aprenden representaciones compactas del tráfico normal y detectan desviaciones.

Redes Neuronales Profundas

- **Redes Convolucionales (CNN)**: Pueden analizar patrones en datos de tráfico representados como imágenes o matrices.
- **Redes Recurrentes (RNN) y LSTM**: Adecuadas para datos secuenciales, como flujos de tráfico en el tiempo.

Implementación de IA en Sistemas de Defensa

Integración con Infraestructura Existente

- **Sistemas de Monitoreo de Red**: La IA puede integrarse con herramientas como NetFlow, sFlow o IPFIX para obtener datos de tráfico.
- **Plataformas de Seguridad**: Integrar con firewalls, sistemas de prevención de intrusiones (IPS) y balanceadores de carga.

Arquitectura en la Nube y Edge Computing

- **Escalabilidad**: Implementar soluciones basadas en IA en la nube permite manejar volúmenes masivos de datos y escalabilidad dinámica.
- **Procesamiento en el Borde**: Utilizar edge computing

para analizar y filtrar tráfico cerca de la fuente, reduciendo latencia y carga en la red central.

Orquestación y Automatización

- **Respuesta Automatizada**: Definir acciones automáticas basadas en las decisiones de la IA, como bloquear IPs o ajustar políticas de seguridad.

- **Feedback Loop**: Utilizar los resultados de las acciones para mejorar continuamente los modelos de IA.

Casos Prácticos

Caso 1: Mitigación de un Ataque DDoS Masivo a un Proveedor de Servicios

Escenario: Un proveedor de servicios en línea sufre un ataque DDoS volumétrico que amenaza con dejar inoperativos sus servicios.

Solución:

- **Implementación de una Plataforma de IA**: La empresa despliega una solución de IA que analiza el tráfico en tiempo real.

- **Detección Rápida**: La IA identifica rápidamente el tráfico anómalo basado en patrones que difieren del comportamiento normal.

- **Respuesta Automatizada**: El sistema ajusta dinámicamente las reglas de filtrado y redirige el tráfico malicioso.

- **Resultados**:
    - El servicio permanece disponible para usuarios legítimos.
    - Reducción significativa en el tiempo de respuesta y mitigación comparado con

métodos manuales.

Caso 2: Protección de una Red Empresarial contra Ataques de Nivel de Aplicación

Escenario: Una empresa experimenta ataques DDoS de nivel de aplicación que afectan el rendimiento de sus sistemas web.

Solución:

- **Análisis de Comportamiento**: La IA monitoriza solicitudes HTTP, identificando patrones sospechosos, como tasas anormalmente altas de solicitudes desde ciertas IPs o agentes de usuario.
- **Clasificación Precisa**: Utilizando algoritmos de aprendizaje profundo, la IA distingue entre tráfico legítimo y bots maliciosos que intentan imitar a usuarios reales.
- **Mitigación Selectiva**: El sistema bloquea el tráfico malicioso sin afectar la experiencia de los usuarios legítimos.
- **Resultados**:
  - Mantenimiento del rendimiento y disponibilidad del sitio web.
  - Mejora en la satisfacción del cliente y reducción de pérdidas financieras.

Beneficios de la IA en la Defensa contra DDoS

- **Velocidad y Eficiencia**: La IA puede detectar y responder a ataques en milisegundos, superando la capacidad humana.
- **Adaptabilidad**: Los modelos de IA pueden aprender

y adaptarse a nuevas tácticas de ataque.

- **Precisión Mejorada**: Reducción de falsos positivos y negativos mediante análisis avanzados.
- **Escalabilidad**: Capacidad para manejar volúmenes crecientes de tráfico y complejidad de ataques.

Desafíos y Consideraciones

Calidad y Disponibilidad de Datos

- **Datos de Entrenamiento**: Los modelos requieren datos representativos y actualizados para ser efectivos.
- **Datos Etiquetados**: La necesidad de datos etiquetados puede ser un desafío, especialmente para ataques nuevos o raros.

Recursos Computacionales

- **Capacidad de Procesamiento**: Los algoritmos de IA pueden ser intensivos en recursos, requiriendo infraestructura adecuada.
- **Latencia**: Es crucial minimizar la latencia en la detección y respuesta para ser efectivos.

Complejidad y Mantenimiento

- **Configuración y Ajuste**: Los modelos de IA requieren configuración y ajuste continuo.
- **Expertise**: Se necesita personal calificado para desarrollar, implementar y mantener estas soluciones.

Ataques Adversarios

- **Evasión de la IA**: Los atacantes pueden intentar engañar a los modelos de IA mediante técnicas avanzadas.

- **Seguridad de los Modelos**: Proteger los modelos de IA contra manipulaciones es esencial.

Mejores Prácticas para Implementar IA en la Defensa contra DDoS

1. **Combinar Múltiples Técnicas**: Utilizar una combinación de algoritmos y enfoques para mejorar la detección y mitigación.
2. **Integración con Soluciones Tradicionales**: La IA debe complementar, no reemplazar, las medidas de seguridad existentes.
3. **Monitoreo y Actualización Continua:** Los modelos de IA deben ser actualizados y entrenados regularmente con nuevos datos.
4. **Colaboración y Compartición de Información**: Participar en comunidades y compartir información sobre nuevas amenazas y tácticas.
5. **Evaluación de Proveedores**: Si se opta por soluciones comerciales, evaluar cuidadosamente las capacidades y reputación del proveedor.

El Futuro de la IA en la Defensa contra DDoS

IA Colaborativa y Aprendizaje Federado

- **Cooperación entre Organizaciones**: Compartir conocimientos y modelos sin comprometer datos sensibles.
- **Mejora Global de la Seguridad**: Aprendizaje colectivo para fortalecer las defensas a nivel global.

Integración con Otras Tecnologías

- **Blockchain**: Uso de tecnologías descentralizadas para mejorar la resistencia y autenticidad de los datos.

- **Computación Cuántica**: Prepararse para amenazas y oportunidades que surgen con el avance de la computación cuántica.

Mayor Automatización y Autonomía

- **Sistemas Autónomos**: Desarrollo de sistemas capaces de tomar decisiones complejas sin intervención humana.

- **Respuesta Predictiva**: Anticipar y bloquear ataques antes de que ocurran mediante análisis predictivo avanzado.

Conclusión

La Inteligencia Artificial está redefiniendo la forma en que las organizaciones se defienden contra ataques DDoS, proporcionando herramientas más rápidas, adaptativas y efectivas. Al analizar el tráfico en tiempo real y aprender continuamente de nuevas amenazas, la IA permite a las organizaciones mantenerse un paso adelante de los atacantes.

Sin embargo, la implementación exitosa de soluciones de IA requiere una planificación cuidadosa, recursos adecuados y una comprensión profunda de los desafíos involucrados. Al combinar la IA con estrategias de seguridad tradicionales y mantener un enfoque proactivo, las organizaciones pueden fortalecer significativamente sus defensas y asegurar la disponibilidad y confiabilidad de sus servicios en un entorno digital cada vez más hostil.

CAPÍTULO 22: INTELIGENCIA ARTIFICIAL EN NORMATIVAS Y COMPLIANCE

En un entorno digital en constante evolución, las organizaciones se enfrentan al desafío de cumplir con una amplia gama de normativas y estándares de seguridad de la información. La complejidad y diversidad de estas regulaciones, como el **Reglamento General de Protección de Datos (GDPR)**, **HIPAA**, **PCI DSS**, entre otras, hacen que el cumplimiento (compliance) sea un proceso arduo y continuo. La **Inteligencia Artificial (IA)** emerge como una herramienta poderosa para ayudar a las organizaciones a automatizar y mejorar sus prácticas de cumplimiento, permitiendo una gestión más eficiente y efectiva de los riesgos y obligaciones legales.

En este capítulo, exploraremos cómo la IA se integra en las estrategias de compliance y normativas de ciberseguridad, analizando las aplicaciones prácticas, beneficios, desafíos y consideraciones éticas. Abordaremos cómo la IA puede facilitar el cumplimiento regulatorio, desde la automatización de auditorías hasta la gestión proactiva de riesgos, y cómo las organizaciones pueden adoptar estas tecnologías para fortalecer su postura de seguridad y cumplir con los requisitos legales.

Panorama de Normativas y Compliance en Ciberseguridad

Importancia del Cumplimiento Normativo

El cumplimiento normativo es esencial para garantizar que las organizaciones protejan adecuadamente la información y la privacidad de sus clientes, empleados y socios comerciales. Además de prevenir sanciones legales y financieras, el compliance ayuda a:

- **Mantener la Confianza**: Demuestra compromiso con la seguridad y privacidad, fortaleciendo la reputación.
- **Gestionar Riesgos**: Identifica y mitiga riesgos asociados con la gestión de datos y operaciones.
- **Mejorar la Eficiencia**: Establece procesos claros y estándares que optimizan las operaciones.

Principales Normativas y Estándares

GDPR (Reglamento General de Protección de Datos)

- **Alcance**: Protección de datos personales de individuos en la Unión Europea.
- **Requisitos Clave**:
    - Consentimiento explícito para el procesamiento de datos.
    - Derecho al olvido.
    - Notificación de brechas de seguridad en 72 horas.

HIPAA (Ley de Portabilidad y Responsabilidad de Seguros de Salud)

- **Alcance**: Protección de información médica en

Estados Unidos.
- **Requisitos Clave**:
    - Salvaguardas técnicas y físicas para proteger información de salud.
    - Control de accesos y autenticación.

PCI DSS (Estándar de Seguridad de Datos de la Industria de Tarjetas de Pago)

- **Alcance**: Protección de datos de titulares de tarjetas de pago.
- **Requisitos Clave**:
    - Mantenimiento de una red segura.
    - Protección de datos de titulares de tarjetas.
    - Monitoreo y prueba regular de redes.

ISO/IEC 27001

- **Alcance**: Estándar internacional para sistemas de gestión de seguridad de la información.
- **Requisitos Clave**:
    - Implementación de un sistema de gestión de seguridad de la información (SGSI).
    - Evaluación y tratamiento de riesgos.

Desafíos en el Cumplimiento Normativo

- **Complejidad y Volumen de Datos**: La creciente cantidad de datos dificulta su gestión y protección.
- **Cambios Regulatorios**: Las normativas evolucionan constantemente, requiriendo adaptaciones continuas.
- **Limitaciones de Recursos**: Las auditorías y procesos manuales son costosos y propensos a errores.

- **Visibilidad Limitada**: Dificultad para tener una visión completa y actualizada del estado de cumplimiento.

Aplicación de la IA en Normativas y Compliance

Automatización de Procesos de Compliance

La IA puede automatizar tareas repetitivas y de gran volumen, como:

- **Monitoreo Continuo**: Supervisar sistemas y procesos para detectar incumplimientos en tiempo real.
- **Análisis de Datos**: Procesar grandes conjuntos de datos para identificar riesgos y anomalías.
- **Generación de Informes**: Automatizar la creación de informes de cumplimiento para auditorías.

Detección de Incumplimientos y Riesgos

- **Análisis Predictivo**: Identificar posibles áreas de incumplimiento antes de que ocurran.
- **Detección de Anomalías**: La IA puede detectar comportamientos inusuales que podrían indicar violaciones de políticas.

Gestión de Datos y Privacidad

- **Clasificación de Datos**: Identificar y categorizar automáticamente datos sensibles según su nivel de protección requerido.
- **Anonimización y Pseudonimización**: Aplicar técnicas de anonimización para cumplir con requisitos de privacidad.

Asistencia en la Interpretación de Normativas

- **Procesamiento de Lenguaje Natural (NLP)**: La IA puede ayudar a interpretar textos legales y regulaciones, facilitando su comprensión y aplicación.

Casos de Uso de IA en Compliance

Caso 1: Monitoreo Automatizado de Transacciones en el Sector Financiero

Desafío: Las instituciones financieras deben cumplir con regulaciones contra el lavado de dinero (AML) y conocer a su cliente (KYC), monitoreando transacciones para detectar actividades sospechosas.

Solución con IA:

- **Análisis en Tiempo Real**: La IA analiza transacciones en tiempo real, identificando patrones asociados con actividades ilícitas.
- **Reducción de Falsos Positivos**: Mejora en la precisión de las alertas, permitiendo a los analistas enfocarse en casos críticos.
- **Cumplimiento Eficiente**: Automatización de reportes regulatorios y mantenimiento de registros.

Caso 2: Gestión de Datos Personales bajo GDPR

Desafío: Una empresa multinacional debe asegurar el cumplimiento de GDPR en múltiples jurisdicciones, gestionando grandes volúmenes de datos personales.

Solución con IA:

- **Clasificación y Etiquetado**: La IA identifica datos personales y los clasifica según su sensibilidad.
- **Gestión de Consentimiento**: Automatiza el seguimiento y verificación del consentimiento de los usuarios.

- **Respuesta a Solicitudes de Derechos**: Facilita la localización y eliminación de datos cuando se solicita el derecho al olvido.

Beneficios de la IA en Compliance

- **Eficiencia Operativa**: Reducción del tiempo y recursos necesarios para cumplir con regulaciones.
- **Mejora en la Precisión**: Minimización de errores humanos y falsos positivos.
- **Visión Integral**: Proporciona una visión unificada del estado de cumplimiento en toda la organización.
- **Adaptabilidad**: La IA puede ajustarse rápidamente a cambios regulatorios y nuevas amenazas.

Desafíos y Consideraciones en la Implementación de IA para Compliance

Explicabilidad y Transparencia

- **Regulaciones Exigen Transparencia**: Normativas como GDPR requieren que las decisiones automatizadas sean explicables.
- **Necesidad de Modelos Interpretables**: Es esencial utilizar modelos de IA que permitan comprender cómo se toman las decisiones.

Calidad y Gobernanza de Datos

- **Datos de Calidad**: Los modelos de IA requieren datos precisos y actualizados.
- **Privacidad de Datos**: Asegurar que el uso de IA cumpla con las regulaciones de protección de datos.

Integración con Procesos Existentes

- **Compatibilidad**: La IA debe integrarse con sistemas

y procesos actuales sin interrumpir operaciones.

- **Formación del Personal**: Capacitar a los empleados para trabajar con nuevas herramientas y entender sus implicaciones.

Responsabilidad y Ética

- **Asignación de Responsabilidad**: Definir quién es responsable en caso de errores o incumplimientos derivados del uso de IA.
- **Sesgos en los Modelos**: Evitar que la IA perpetúe o amplifique sesgos existentes.

Mejores Prácticas para Implementar IA en Compliance

1. **Evaluación de Necesidades y Objetivos**
   - Identificar áreas específicas donde la IA puede aportar valor en el cumplimiento.
   - Definir objetivos claros y medibles.

2. **Selección de Tecnologías Adecuadas**
   - Elegir soluciones de IA que cumplan con requisitos de explicabilidad y transparencia.
   - Preferir modelos que permitan auditoría y trazabilidad.

3. **Gobernanza y Control**
   - Establecer políticas y procedimientos para el uso responsable de la IA.
   - Implementar controles para monitorear y evaluar el desempeño y cumplimiento de los sistemas de IA.

4. **Protección de Datos y Privacidad**

- Asegurar que el procesamiento de datos con IA cumpla con todas las regulaciones aplicables.
- Implementar medidas de seguridad robustas para proteger los datos.

5. **Formación y Cultura de Compliance**
   - Capacitar al personal en el uso de herramientas de IA y en las normativas relevantes.
   - Fomentar una cultura de cumplimiento y ética en toda la organización.

El Futuro de la IA en Normativas y Compliance

Regulaciones Específicas para la IA

- **Desarrollo de Normativas para la IA**: Se espera que surjan regulaciones específicas que aborden el uso de IA, su transparencia y responsabilidad.
- **Marco Ético y Legal**: Mayor enfoque en garantizar que la IA se utilice de manera ética y legal.

IA como Asesor Legal Virtual

- **Asistentes Inteligentes**: La IA podría actuar como consultores virtuales, proporcionando asesoramiento en tiempo real sobre cumplimiento normativo.
- **Actualización Continua**: Mantenerse al día con cambios regulatorios y adaptar automáticamente las políticas internas.

Integración con Tecnologías Emergentes

- **Blockchain**: Registro inmutable de transacciones y

actividades, facilitando auditorías y cumplimiento.

- **Computación Cuántica**: Nuevas capacidades para el procesamiento y seguridad de datos, pero también nuevos desafíos regulatorios.

Consideraciones Éticas y de Privacidad

- **Transparencia en la Toma de Decisiones**: Garantizar que las decisiones de la IA sean explicables y justificables.
- **Evitar Sesgos**: Asegurar que los modelos de IA no discriminen o perpetúen injusticias.
- **Consentimiento y Control de Datos**: Respetar los derechos de los individuos sobre sus datos personales.

La Inteligencia Artificial tiene el potencial de transformar la forma en que las organizaciones abordan el cumplimiento normativo y la gestión de riesgos. Al automatizar procesos, mejorar la precisión y proporcionar una visión integral del estado de compliance, la IA permite a las organizaciones no solo cumplir con las regulaciones, sino también fortalecer su postura de seguridad y eficiencia operativa.

Sin embargo, la implementación exitosa de la IA en compliance requiere una consideración cuidadosa de los desafíos técnicos, éticos y legales. Al adoptar un enfoque responsable y centrado en el respeto a la privacidad y la transparencia, las organizaciones pueden aprovechar al máximo las ventajas de la IA mientras cumplen con sus obligaciones regulatorias y mantienen la confianza de sus clientes y partes interesadas.

CAPÍTULO 23: TENDENCIAS EMERGENTES EN CIBERSEGURIDAD

El panorama de la ciberseguridad está en constante evolución, impulsado por avances tecnológicos, cambios en el comportamiento de los atacantes y nuevas necesidades de las organizaciones y usuarios. Mantenerse al día con las **tendencias emergentes** es esencial para anticipar desafíos, adoptar estrategias efectivas y aprovechar oportunidades para fortalecer la protección de sistemas y datos.

En este capítulo, exploraremos las tendencias más significativas que están moldeando el futuro de la ciberseguridad. Analizaremos cómo tecnologías como la **Inteligencia Artificial**, el **Blockchain**, la **computación cuántica** y la **Seguridad Sin Servidor (Serverless Security)** están redefiniendo el enfoque de la seguridad digital. También discutiremos el impacto de regulaciones más estrictas, la creciente importancia de la **privacidad**, y cómo la **conciencia y formación en ciberseguridad** son más críticas que nunca.

1. Inteligencia Artificial y Aprendizaje Automático Avanzado

1.1. IA como Herramienta de Defensa

La IA continúa consolidándose como una herramienta clave para mejorar la detección y respuesta a amenazas:

- **Análisis Predictivo**: Capacidad para anticipar ataques mediante el análisis de patrones y comportamientos.
- **Automatización de Respuestas**: Sistemas que pueden tomar decisiones en tiempo real para mitigar amenazas.
- **Detección de Amenazas Desconocidas**: Uso de aprendizaje profundo para identificar amenazas de día cero y técnicas avanzadas de evasión.

1.2. IA en Manos de Atacantes

No solo los defensores están aprovechando la IA:

- **Ataques Automatizados**: Uso de bots inteligentes para lanzar ataques a gran escala.
- **Deepfakes y Suplantación**: Generación de contenido falso para engañar a sistemas y personas.
- **Evasión de Detección**: Algoritmos que ajustan tácticas en función de las defensas encontradas.

2. Computación Cuántica y Criptografía Poscuántica

2.1. Amenazas de la Computación Cuántica

La computación cuántica promete capacidades de procesamiento sin precedentes, lo que podría:

- **Romper Algoritmos Criptográficos Actuales**: Algoritmos como RSA y ECC podrían volverse vulnerables.
- **Acelerar Ataques de Fuerza Bruta**: Capacidad para probar combinaciones de claves a velocidades inimaginables.

2.2. Desarrollo de Criptografía Poscuántica

Para contrarrestar estas amenazas:

- **Nuevos Algoritmos**: Investigación y desarrollo de algoritmos resistentes a ataques cuánticos.
- **Transición Gradual**: Planificación para actualizar sistemas y protocolos a tecnologías poscuánticas.

3. Seguridad en la Nube y Modelos de Seguridad Compartida

3.1. Adopción de Nubes Híbridas y Multinube

Las organizaciones están utilizando múltiples proveedores de nube, lo que:

- **Aumenta la Complejidad**: Dificulta la gestión de seguridad consistente.
- **Requiere Herramientas Unificadas**: Necesidad de soluciones que funcionen en entornos diversos.

3.2. Seguridad Sin Servidor (Serverless)

La adopción de arquitecturas sin servidor introduce nuevos desafíos:

- **Falta de Visibilidad**: Dificultad para monitorear y asegurar funciones efímeras.
- **Dependencia del Proveedor**: Mayor responsabilidad en manos del proveedor de nube.

4. Internet de las Cosas (IoT) y Dispositivos Conectados

4.1. Crecimiento Exponencial del IoT

El aumento de dispositivos conectados amplía la superficie de ataque:

- **Dispositivos Inseguros**: Muchos carecen de medidas básicas de seguridad.
- **Botnets de IoT**: Uso de dispositivos comprometidos

para lanzar ataques DDoS.

4.2. Regulaciones y Estándares

- **Normativas Específicas**: Desarrollo de regulaciones para asegurar dispositivos IoT.
- **Certificaciones de Seguridad**: Incentivar la producción de dispositivos más seguros.

5. Privacidad y Protección de Datos

5.1. Regulaciones Más Estrictas

- **Expansión de Leyes de Privacidad**: Más países implementan leyes similares al GDPR.
- **Derechos de los Usuarios**: Mayor control sobre sus datos y cómo se utilizan.

5.2. Desafíos para las Organizaciones

- **Gestión de Consentimiento**: Necesidad de sistemas para administrar el consentimiento de los usuarios.
- **Notificación de Brechas**: Obligación de informar rápidamente sobre incidentes de seguridad.

6. Blockchain y Seguridad Descentralizada

6.1. Aplicaciones de Blockchain en Seguridad

- **Gestión de Identidades**: Uso de identidades descentralizadas para mejorar la privacidad.
- **Protección de Datos**: Registro inmutable de transacciones y actividades.

6.2. Desafíos y Limitaciones

- **Escalabilidad**: Dificultades para manejar grandes volúmenes de transacciones.

- **Regulación**: Falta de claridad legal en torno a tecnologías descentralizadas.

7. Zero Trust Security (Seguridad de Confianza Cero)

7.1. Principios del Modelo Zero Trust

- **Nunca Confiar, Siempre Verificar**: No asumir que los actores internos son confiables.
- **Control de Acceso Estricto**: Autenticación y autorización continuas.

7.2. Implementación de Zero Trust

- **Segmentación de Redes**: Limitar el movimiento lateral de atacantes.
- **Autenticación Multifactor**: Reforzar la verificación de identidad.

8. Conciencia y Formación en Ciberseguridad

8.1. Importancia de la Educación

- **Factor Humano**: Los usuarios siguen siendo el eslabón más débil.
- **Programas de Formación**: Necesidad de capacitación continua y actualizada.

8.2. Gamificación y Nuevos Métodos

- **Simulaciones de Ataques**: Ejercicios prácticos para mejorar la respuesta a incidentes.
- **Aplicaciones Interactivas**: Uso de juegos y plataformas para enseñar conceptos de seguridad.

9. Inteligencia sobre Amenazas y Colaboración

9.1. Compartición de Información

- **Alianzas Público-Privadas**: Colaboración entre gobiernos y sector privado.
- **Comunidades de Seguridad**: Redes para compartir inteligencia sobre amenazas.

9.2. Plataformas de Inteligencia

- **SIEM Avanzados**: Sistemas que recopilan y analizan datos de múltiples fuentes.
- **Automatización de Inteligencia**: Uso de IA para procesar y actuar sobre información de amenazas.

10. Ética y Responsabilidad en la Ciberseguridad

10.1. Uso Ético de la Tecnología

- **Desarrollo Responsable**: Considerar el impacto social y ético de las soluciones de seguridad.
- **Regulación de Tecnologías Dual-Use**: Control sobre herramientas que pueden usarse con fines maliciosos.

10.2. Diversidad e Inclusión

- **Equipos Diversos**: Fomentar la inclusión para enriquecer perspectivas y soluciones.
- **Acceso Equitativo**: Promover oportunidades en ciberseguridad para grupos subrepresentados.

11. Servicios de Seguridad Gestionados (MSSP)

11.1. Externalización de la Seguridad

- **Aumento de MSSP**: Empresas que proporcionan servicios de seguridad especializados.
- **Ventajas**: Acceso a expertos y tecnologías avanzadas sin grandes inversiones.

11.2. Riesgos y Consideraciones

- **Dependencia Externa**: Riesgo de confiar aspectos críticos a terceros.
- **Evaluación de Proveedores**: Importancia de seleccionar socios confiables y competentes.

12. Seguridad en Entornos de Trabajo Remoto

12.1. Cambio Hacia el Teletrabajo

- **Aumento de Ataques**: Más vectores de ataque debido a conexiones desde redes domésticas.
- **Protección de Dispositivos Personales**: Necesidad de políticas para BYOD (Bring Your Own Device).

12.2. Soluciones para Entornos Remotos

- **Redes Privadas Virtuales (VPN)**: Asegurar conexiones remotas.
- **Autenticación y Acceso Seguro**: Implementar soluciones de acceso adaptativo y seguro.

Conclusión

Las tendencias emergentes en ciberseguridad reflejan un entorno en constante cambio, donde las amenazas evolucionan y las tecnologías avanzan a un ritmo acelerado. Las organizaciones y profesionales de la seguridad deben mantenerse informados y adaptarse proactivamente para enfrentar los desafíos futuros. Esto implica no solo adoptar nuevas tecnologías, sino también fomentar una cultura de seguridad, ética y colaboración que permita construir un entorno digital más seguro y resiliente.

Al anticipar y comprender estas tendencias, podemos prepararnos mejor para proteger nuestros sistemas, datos y, en última instancia, la confianza que sustenta la sociedad digital en la que vivimos

PARTE 4

CAPÍTULO 24: HERRAMIENTAS DE INTELIGENCIA ARTIFICIAL EN CIBERSEGURIDAD

En la lucha constante contra las amenazas cibernéticas, la **Inteligencia Artificial (IA)** se ha consolidado como una aliada indispensable. Las herramientas de IA en ciberseguridad ofrecen capacidades avanzadas para detectar, prevenir y responder a ataques de manera más eficiente y efectiva que las soluciones tradicionales. Este capítulo explora las principales herramientas de IA utilizadas en el ámbito de la ciberseguridad, categorizándolas según su función principal y destacando sus características clave, beneficios y casos de uso.

1. Plataformas de Gestión de Información y Eventos de Seguridad (SIEM) Potenciadas con IA

1.1. IBM QRadar

Descripción: IBM QRadar es una plataforma SIEM líder que integra capacidades de IA para mejorar la detección y respuesta a amenazas.

Características Clave:

- **Análisis de Comportamiento**: Utiliza algoritmos de aprendizaje automático para identificar comportamientos anómalos.
- **Correlación de Eventos**: Agrupa y correlaciona eventos de múltiples fuentes para detectar amenazas complejas.
- **Automatización de Respuestas**: Implementa acciones automáticas para mitigar incidentes en tiempo real.

Beneficios:

- Reducción significativa de falsos positivos.
- Mejora en la visibilidad de la seguridad en toda la organización.
- Respuesta rápida y automatizada a incidentes críticos.

Casos de Uso:

- Detección de ataques internos y externos.
- Monitoreo continuo de la infraestructura de TI.
- Cumplimiento con normativas de seguridad.

1.2. Splunk Enterprise Security

Descripción: Splunk Enterprise Security es una solución SIEM que incorpora IA para proporcionar una visión integral de la seguridad de la red.

Características Clave:

- **Machine Learning Toolkit**: Herramientas para crear modelos predictivos personalizados.
- **Detección de Amenazas Avanzadas**: Identifica patrones de ataque sofisticados mediante análisis de

datos en tiempo real.

- **Visualización de Datos**: Dashboards interactivos para monitorear la seguridad de manera efectiva.

Beneficios:

- Capacidades avanzadas de análisis y detección.
- Flexibilidad para adaptarse a diferentes entornos empresariales.
- Mejora en la eficiencia operativa del equipo de seguridad.

Casos de Uso:

- Monitoreo de actividades sospechosas en tiempo real.
- Análisis forense post-incidente.
- Optimización de las operaciones de seguridad.

2. Sistemas de Detección y Prevención de Intrusiones (IDS/IPS) Basados en IA

2.1. Darktrace

Descripción: Darktrace es una plataforma de ciberseguridad que utiliza IA para detectar y responder a amenazas en tiempo real.

Características Clave:

- **Enterprise Immune System**: Modela el comportamiento normal de la red y detecta anomalías.
- **Respuesta Autónoma**: Implementa acciones de contención automática para mitigar amenazas.
- **Visualización de Amenazas**: Proporciona una representación visual de las amenazas detectadas.

Beneficios:
- Detección rápida de amenazas desconocidas.
- Reducción del tiempo de respuesta a incidentes.
- Minimización del impacto de ataques mediante acciones automáticas.

Casos de Uso:
- Protección de infraestructuras críticas.
- Detección de amenazas internas.
- Monitoreo continuo de la seguridad de la red.

2.2. Cisco Secure IPS

Descripción: Cisco Secure IPS es una solución de prevención de intrusiones que integra capacidades de IA para mejorar la detección de amenazas.

Características Clave:
- **Análisis de Comportamiento**: Utiliza IA para identificar comportamientos maliciosos.
- **Integración con Cisco SecureX**: Facilita la correlación de eventos y la respuesta coordinada.
- **Actualizaciones Automáticas**: Mantiene la protección actualizada contra nuevas amenazas.

Beneficios:
- Mejora en la precisión de la detección de intrusiones.
- Integración fluida con otras herramientas de seguridad de Cisco.
- Reducción de falsos positivos y negativos.

Casos de Uso:
- Protección de redes empresariales.

- Prevención de ataques sofisticados.
- Monitoreo de tráfico de red en tiempo real.

3. Herramientas de Análisis de Malware con IA

3.1. CylancePROTECT

Descripción: CylancePROTECT es una solución de protección contra malware que utiliza IA para prevenir la ejecución de software malicioso.

Características Clave:

- **Machine Learning Predictivo**: Detecta y bloquea malware antes de su ejecución.
- **Análisis de Comportamiento**: Identifica actividades sospechosas basadas en el comportamiento del software.
- **Actualizaciones Continuas**: Mejora la detección de nuevas amenazas sin necesidad de actualizaciones manuales.

Beneficios:

- Protección proactiva contra amenazas emergentes.
- Reducción de la dependencia de firmas de malware.
- Mejora en la eficiencia de la protección contra malware.

Casos de Uso:

- Protección de endpoints en entornos empresariales.
- Prevención de ataques de malware sofisticados.
- Integración con otras soluciones de ciberseguridad.

3.2. Sophos Intercept X

Descripción: Sophos Intercept X combina técnicas de

aprendizaje profundo con otras tecnologías para ofrecer una protección avanzada contra malware.

Características Clave:

- **Deep Learning AI**: Identifica malware sin necesidad de firmas predefinidas.
- **Ransomware Protection**: Previene y recupera archivos afectados por ransomware.
- **Exploit Prevention**: Protege contra intentos de explotar vulnerabilidades del sistema.

Beneficios:

- Alta tasa de detección de malware desconocido.
- Protección integral contra diversas formas de malware.
- Fácil integración y gestión centralizada.

Casos de Uso:

- Protección de dispositivos móviles y endpoints.
- Prevención de ataques de ransomware.
- Seguridad en entornos híbridos y multinube.

4. Plataformas de Respuesta Automática y Orquestación (SOAR) con IA

4.1. Splunk Phantom

Descripción: Splunk Phantom es una plataforma SOAR que integra capacidades de IA para automatizar y orquestar respuestas a incidentes de seguridad.

Características Clave:

- **Automatización de Playbooks**: Creación de flujos de trabajo automatizados para responder a incidentes.

- **Integración con Herramientas de IA**: Utiliza algoritmos de IA para mejorar la toma de decisiones.
- **Análisis de Datos**: Procesa y analiza datos de múltiples fuentes para una respuesta más efectiva.

Beneficios:

- Reducción del tiempo de respuesta a incidentes.
- Aumento de la eficiencia operativa del equipo de seguridad.
- Capacidad para manejar múltiples incidentes simultáneamente.

Casos de Uso:

- Automatización de la respuesta a amenazas conocidas.
- Coordinación de acciones entre diferentes herramientas de seguridad.
- Mejora en la gestión de incidentes y eventos de seguridad.

4.2. IBM Resilient

Descripción: IBM Resilient es una plataforma SOAR que utiliza IA para mejorar la gestión y respuesta a incidentes de seguridad.

Características Clave:

- **Respuesta Dinámica a Incidentes**: Ajusta automáticamente las respuestas basándose en el contexto del incidente.
- **Integración con Inteligencia sobre Amenazas**: Utiliza datos de threat intelligence para enriquecer

las respuestas.

- **Automatización de Tareas Repetitivas**: Libera al personal de tareas rutinarias, permitiéndoles enfocarse en actividades estratégicas.

Beneficios:

- Mayor agilidad en la respuesta a incidentes.
- Mejora en la precisión de las acciones de mitigación.
- Reducción de la carga operativa del equipo de seguridad.

Casos de Uso:

- Gestión de incidentes críticos en tiempo real.
- Coordinación de respuestas a amenazas avanzadas.
- Optimización de los procesos de recuperación ante incidentes.

5. Herramientas de Gestión de Vulnerabilidades Potenciadas con IA

5.1. Qualys Vulnerability Management

Descripción: Qualys Vulnerability Management es una solución que utiliza IA para identificar, priorizar y mitigar vulnerabilidades en sistemas y redes.

Características Clave:

- **Priorización Inteligente**: Algoritmos de IA evalúan el riesgo y el impacto de las vulnerabilidades detectadas.
- **Detección Automática**: Identifica vulnerabilidades en tiempo real sin intervención manual.
- **Integración con Herramientas de Seguridad**: Se conecta con otras soluciones de ciberseguridad para

una gestión integral.

Beneficios:

- Identificación rápida y precisa de vulnerabilidades críticas.
- Optimización de recursos al priorizar riesgos de alto impacto.
- Mejora en la postura de seguridad general de la organización.

Casos de Uso:

- Auditorías de seguridad continuas.
- Gestión proactiva de riesgos en entornos dinámicos.
- Cumplimiento con normativas de seguridad.

5.2. Rapid7 InsightVM

Descripción: Rapid7 InsightVM es una herramienta de gestión de vulnerabilidades que incorpora IA para ofrecer una visión más profunda y priorizada de las amenazas.

Características Clave:

- **Análisis Predictivo**: Anticipa vulnerabilidades futuras basándose en tendencias y patrones históricos.
- **Remediación Automatizada**: Sugiere y facilita acciones de mitigación de vulnerabilidades.
- **Integración con CI/CD**: Se integra con pipelines de desarrollo para gestionar vulnerabilidades en fases tempranas.

Beneficios:

- Mejora en la detección y mitigación de vulnerabilidades.
- Reducción de riesgos mediante la priorización basada en IA.
- Facilita la integración de la seguridad en el ciclo de vida del desarrollo.

Casos de Uso:

- Protección de aplicaciones y servicios en desarrollo.
- Monitoreo continuo de la infraestructura de TI.
- Cumplimiento con estándares de seguridad y regulaciones.

6. Plataformas de Inteligencia sobre Amenazas (Threat Intelligence) con IA

6.1. Recorded Future

Descripción: Recorded Future es una plataforma de inteligencia sobre amenazas que utiliza IA para analizar datos de fuentes abiertas y oscuras, proporcionando inteligencia accionable en tiempo real.

Características Clave:

- **Análisis en Tiempo Real**: Procesa grandes volúmenes de datos para identificar amenazas emergentes.
- **Correlación de Datos**: Combina información de múltiples fuentes para ofrecer una visión integral de las amenazas.
- **Alertas Personalizadas**: Genera alertas basadas en los intereses y necesidades específicas de la organización.

Beneficios:

- Identificación temprana de amenazas y vectores de ataque.
- Mejora en la toma de decisiones basada en inteligencia precisa.
- Reducción del tiempo necesario para obtener insights sobre amenazas.

Casos de Uso:

- Monitoreo de amenazas específicas de la industria.
- Fortalecimiento de las estrategias de defensa proactiva.
- Soporte en investigaciones forenses y análisis post-incidente.

6.2. Anomali

Descripción: Anomali es una plataforma de inteligencia sobre amenazas que integra IA para mejorar la precisión y relevancia de la información de amenazas.

Características Clave:

- **Machine Learning**: Identifica patrones y correlaciones en datos de amenazas.
- **Integración de Fuentes**: Consolida datos de múltiples fuentes para una inteligencia más rica.
- **Automatización de Procesos**: Facilita la automatización de tareas de inteligencia y respuesta a amenazas.

Beneficios:

- Mejora en la precisión de la detección de amenazas.

- Ahorro de tiempo mediante la automatización de tareas rutinarias.
- Incremento en la eficacia de las estrategias de ciberseguridad.

Casos de Uso:

- Identificación de amenazas avanzadas y persistentes.
- Fortalecimiento de las capacidades de respuesta a incidentes.
- Optimización de la gestión de inteligencia sobre amenazas.

7. Herramientas de Autenticación y Gestión de Accesos con IA

7.1. Okta Adaptive Multi-Factor Authentication (MFA)

Descripción: Okta Adaptive MFA es una solución que utiliza IA para adaptar los requisitos de autenticación en función del contexto y el riesgo.

Características Clave:

- **Evaluación de Riesgo en Tiempo Real**: Analiza factores como la ubicación, el dispositivo y el comportamiento del usuario.
- **Autenticación Dinámica**: Ajusta los métodos de autenticación basándose en el nivel de riesgo detectado.
- **Integración con Aplicaciones**: Compatible con una amplia gama de aplicaciones y servicios empresariales.

Beneficios:

- Mayor seguridad mediante la personalización de las medidas de autenticación.
- Mejora en la experiencia del usuario al reducir las barreras innecesarias.
- Reducción de riesgos asociados con accesos no autorizados.

Casos de Uso:

- Protección de acceso a aplicaciones críticas.
- Gestión de identidades en entornos híbridos y multinube.
- Prevención de accesos fraudulentos y compromisos de cuentas.

7.2. Ping Identity Intelligent Authentication

Descripción: Ping Identity Intelligent Authentication utiliza IA para proporcionar una autenticación robusta y adaptativa basada en el comportamiento del usuario.

Características Clave:

- **Reconocimiento de Comportamiento**: Analiza patrones de uso como la velocidad de tipeo y los gestos táctiles.
- **Autenticación Continua**: Verifica la identidad del usuario durante toda la sesión.
- **Integración con Zero Trust**: Se alinea con principios de seguridad Zero Trust para garantizar accesos seguros.

Beneficios:

- Aumento en la seguridad de las autenticaciones.
- Reducción de accesos no autorizados mediante la

detección de comportamientos sospechosos.

- Mejora en la experiencia del usuario con autenticación fluida y sin fricciones.

Casos de Uso:

- Protección de acceso a sistemas sensibles y aplicaciones empresariales.
- Implementación de estrategias de seguridad Zero Trust.
- Monitoreo continuo de sesiones para detectar actividades anómalas.

8. Herramientas de Monitoreo y Análisis de Redes con IA

8.1. Vectra AI

Descripción: Vectra AI es una plataforma de monitoreo de redes que utiliza IA para detectar y responder a amenazas en tiempo real.

Características Clave:

- **Cognito Platform:** Analiza el tráfico de red para identificar comportamientos maliciosos.
- **Detección de Amenazas en Tiempo Real:** Utiliza machine learning para detectar ataques avanzados y desconocidos.
- **Automatización de Respuestas:** Integra con sistemas de orquestación para responder automáticamente a incidentes.

Beneficios:

- Detección temprana de amenazas avanzadas.
- Reducción del tiempo de detección y respuesta a incidentes.

- Mejora en la visibilidad y control de la seguridad de la red.

Casos de Uso:

- Protección de infraestructuras críticas y redes empresariales.
- Detección de movimientos laterales y actividades internas maliciosas.
- Monitoreo continuo de la seguridad de la red en entornos dinámicos.

8.2. Darktrace Antigena

Descripción: Darktrace Antigena es una solución de respuesta autónoma que utiliza IA para mitigar amenazas en tiempo real.

Características Clave:

- **Respuesta Autónoma**: Toma decisiones automáticas para contener amenazas sin intervención humana.
- **Análisis de Comportamiento**: Aprende y adapta continuamente el modelo de comportamiento de la red.
- **Protección Continua**: Monitorea y responde a amenazas las 24 horas del día, los 7 días de la semana.

Beneficios:

- Mitigación inmediata de amenazas en curso.
- Reducción del impacto de ataques mediante respuestas rápidas y precisas.
- Alivio de la carga operativa del equipo de seguridad.

Casos de Uso:

- Contención automática de ataques DDoS y

movimientos laterales.

- Protección de datos sensibles en tiempo real.
- Prevención de interrupciones operativas causadas por ciberataques.

9. Herramientas de Protección de Endpoints con IA

9.1. CrowdStrike Falcon

Descripción: CrowdStrike Falcon es una plataforma de protección de endpoints que utiliza IA para detectar y prevenir amenazas avanzadas.

Características Clave:

- **Threat Graph**: Analiza trillones de eventos para identificar amenazas en tiempo real.
- **Machine Learning**: Detecta malware y comportamientos maliciosos sin necesidad de firmas.
- **Respuesta de Endpoint**: Facilita la respuesta rápida a incidentes mediante herramientas integradas.

Beneficios:

- Alta tasa de detección de amenazas avanzadas.
- Protección continua y adaptativa contra nuevas tácticas de ataque.
- Integración fácil con otras herramientas de seguridad.

Casos de Uso:

- Protección de endpoints en entornos corporativos y multinube.
- Prevención de ataques de ransomware y exploits.

- Monitoreo y respuesta a incidentes en tiempo real.

9.2. SentinelOne Singularity

Descripción: SentinelOne Singularity es una plataforma de protección de endpoints que incorpora IA para ofrecer una defensa robusta contra amenazas avanzadas.

Características Clave:

- **AI-Powered Detection**: Utiliza aprendizaje profundo para identificar y bloquear malware y amenazas desconocidas.
- **Automated Remediation**: Automatiza la limpieza y recuperación de endpoints comprometidos.
- **Visibilidad Completa**: Proporciona una vista integral de la seguridad de los endpoints y la red.

Beneficios:

- Protección proactiva contra amenazas emergentes.
- Reducción de tiempos de respuesta y mitigación.
- Simplificación de la gestión de la seguridad de endpoints.

Casos de Uso:

- Protección de dispositivos en entornos remotos y de trabajo híbrido.
- Prevención de ataques de día cero y técnicas de evasión.
- Gestión centralizada de la seguridad de endpoints en organizaciones grandes.

10. Herramientas de Análisis Forense Digital con IA

10.1. Sleuth Kit y Autopsy

Descripción: Sleuth Kit es una colección de herramientas de análisis forense digital, y Autopsy es una interfaz gráfica que facilita su uso. Integran capacidades de IA para mejorar el análisis de evidencia digital.

Características Clave:

- **Análisis Automatizado**: Utiliza algoritmos de IA para identificar patrones y correlaciones en datos forenses.
- **Visualización de Datos**: Herramientas avanzadas para visualizar y analizar grandes volúmenes de datos.
- **Integración con Otras Herramientas**: Compatible con una variedad de plataformas y formatos de datos.

Beneficios:

- Aceleración del proceso de análisis forense.
- Mejora en la precisión de la identificación de evidencia.
- Facilita la colaboración entre equipos forenses.

Casos de Uso:

- Investigación de incidentes de seguridad y brechas de datos.
- Análisis de dispositivos comprometidos y recuperación de datos.

- Soporte en investigaciones legales y cumplimiento normativo.

10.2. Cortex XSOAR de Palo Alto Networks

Descripción: Cortex XSOAR es una plataforma de orquestación, automatización y respuesta de seguridad que incorpora capacidades de IA para mejorar el análisis forense.

Características Clave:

- **Playbooks Automatizados**: Flujos de trabajo predefinidos que automatizan tareas forenses.
- **Integración con Threat Intelligence**: Utiliza datos de inteligencia sobre amenazas para enriquecer el análisis.
- **Análisis Contextual**: Proporciona una comprensión profunda del contexto del incidente.

Beneficios:

- Mejora en la eficiencia del análisis forense.
- Reducción del tiempo necesario para identificar y mitigar incidentes.
- Aumento en la precisión y relevancia de la evidencia recopilada.

Casos de Uso:

- Respuesta a incidentes complejos y multifacéticos.
- Análisis forense de ataques avanzados y persistentes.
- Coordinación de acciones entre diferentes herramientas y equipos de seguridad.

Conclusión

Las herramientas de Inteligencia Artificial están transformando el campo de la ciberseguridad, proporcionando capacidades avanzadas que superan las limitaciones de las soluciones tradicionales. Desde la detección proactiva de amenazas hasta la automatización de respuestas y la mejora en el análisis forense, la IA ofrece una gama de beneficios que fortalecen la postura de seguridad de las organizaciones.

Sin embargo, la implementación efectiva de estas herramientas requiere una comprensión profunda de sus capacidades y limitaciones, así como una integración cuidadosa con los procesos y sistemas existentes. Además, es crucial considerar aspectos éticos y de privacidad al utilizar IA en ciberseguridad, asegurando que las soluciones adoptadas no solo sean efectivas, sino también responsables y alineadas con las normativas vigentes.

Al aprovechar el poder de la IA, las organizaciones pueden mantenerse un paso adelante de los atacantes, proteger sus activos digitales de manera más eficiente y responder a incidentes de seguridad con mayor rapidez y precisión. La evolución continua de estas herramientas promete un futuro más seguro y resiliente en el ámbito digital.

PARTE 5

CAPÍTULO 25: ÉTICA Y FUTURO DE LA CIBERSEGURIDAD

La ciberseguridad ha evolucionado de manera significativa en las últimas décadas, transformándose en un componente esencial de la sociedad digital actual. Con el avance de tecnologías como la **Inteligencia Artificial (IA)**, el **Internet de las Cosas (IoT)**, la **computación cuántica** y la creciente interconectividad global, emergen nuevos desafíos éticos y consideraciones sobre el futuro de la ciberseguridad.

Este capítulo explora las implicaciones éticas asociadas con las prácticas y tecnologías de ciberseguridad, y ofrece una mirada prospectiva sobre las tendencias que darán forma al futuro de este campo. Abordaremos temas como la **privacidad**, la **responsabilidad**, la **transparencia**, y cómo las organizaciones y profesionales pueden prepararse para enfrentar los desafíos emergentes.

1. Consideraciones Éticas en la Ciberseguridad

1.1. Privacidad y Protección de Datos

Desafíos Éticos

- **Recolección Masiva de Datos**: Las organizaciones recopilan grandes volúmenes de datos personales, lo que plantea riesgos para la privacidad si no se manejan adecuadamente.

- **Consentimiento Informado**: Los usuarios a menudo desconocen cómo se utilizan sus datos, lo que cuestiona la validez del consentimiento otorgado.
- **Vigilancia y Monitoreo**: El monitoreo de actividades para fines de seguridad puede infringir la privacidad individual.

Principios Éticos

- **Minimización de Datos**: Recopilar solo los datos necesarios para el propósito específico.
- **Transparencia**: Informar claramente a los usuarios sobre cómo se utilizan y protegen sus datos.
- **Derecho al Olvido**: Permitir que los individuos soliciten la eliminación de sus datos personales.

1.2. Inteligencia Artificial y Sesgos

Desafíos Éticos

- **Sesgos Algorítmicos**: Los modelos de IA pueden perpetuar o amplificar sesgos presentes en los datos de entrenamiento.
- **Transparencia en la Toma de Decisiones**: La opacidad de algunos algoritmos dificulta entender cómo se toman ciertas decisiones.
- **Autonomía y Control**: Dependencia excesiva en sistemas automatizados que pueden tomar decisiones sin supervisión humana.

Principios Éticos

- **Equidad y Justicia**: Asegurar que los sistemas de IA no discriminen a ningún grupo o individuo.

- **Explicabilidad**: Desarrollar modelos que permitan entender y explicar sus decisiones.
- **Responsabilidad**: Establecer mecanismos para atribuir responsabilidad en caso de errores o daños causados por la IA.

1.3. Responsabilidad y Rendición de Cuentas

Desafíos Éticos

- **Atribución de Ataques**: Dificultad para identificar a los responsables de ciberataques complejos.
- **Uso Ético de Herramientas de Seguridad**: Algunas herramientas pueden ser utilizadas tanto para proteger como para atacar sistemas.
- **Responsabilidad Corporativa**: Las organizaciones deben balancear la protección de sus activos con el respeto a los derechos individuales.

Principios Éticos

- **Uso Responsable**: Emplear herramientas y técnicas de ciberseguridad de manera ética y legal.
- **Rendición de Cuentas**: Las organizaciones y profesionales deben asumir la responsabilidad de sus acciones y decisiones.
- **Colaboración**: Trabajar conjuntamente con otras entidades para promover prácticas éticas en ciberseguridad.

2. Tendencias Futuras en Ciberseguridad

2.1. Computación Cuántica y Criptografía Poscuántica

Impacto en la Ciberseguridad

- **Amenazas a la Criptografía Actual**: La computación

cuántica podría romper algoritmos criptográficos ampliamente utilizados, como RSA y ECC.

- **Necesidad de Nuevos Algoritmos**: Desarrollo de algoritmos criptográficos resistentes a ataques cuánticos.

Preparación para el Futuro

- **Investigación y Desarrollo**: Invertir en criptografía poscuántica y estándares de seguridad cuántica.
- **Planificación a Largo Plazo**: Evaluar y actualizar sistemas y protocolos actuales para ser resistentes a la computación cuántica.
- **Colaboración Global**: Compartir conocimientos y avances en criptografía poscuántica entre comunidades internacionales.

2.2. Inteligencia Artificial Avanzada en Ciberseguridad

Oportunidades

- **Detección Proactiva de Amenazas**: IA capaz de anticipar y prevenir ataques antes de que ocurran.
- **Respuesta Automatizada**: Sistemas que reaccionan en tiempo real a incidentes de seguridad.
- **Análisis Predictivo**: Identificación de vulnerabilidades potenciales mediante el análisis de datos y patrones.

Desafíos

- **Ataques Potenciados por IA**: Los ciberdelincuentes también pueden utilizar IA para crear ataques más sofisticados.
- **Dependencia Tecnológica**: Riesgo de confiar excesivamente en sistemas automatizados sin

supervisión humana adecuada.

- **Consideraciones Éticas**: Necesidad de asegurar que la IA se utilice de manera ética y responsable.

2.3. Internet de las Cosas (IoT) y Seguridad Integrada

Tendencias

- **Crecimiento Exponencial del IoT**: Más dispositivos conectados que requieren medidas de seguridad robustas.
- **Estándares de Seguridad**: Desarrollo de normativas y estándares para asegurar dispositivos IoT desde su diseño.

Desafíos

- **Superficie de Ataque Ampliada**: Más dispositivos significan más puntos potenciales de vulnerabilidad.
- **Actualizaciones y Soporte**: Dispositivos con ciclos de vida largos pueden quedar desprotegidos sin actualizaciones continuas.
- **Privacidad**: Los dispositivos IoT recopilan datos personales que deben ser protegidos.

2.4. Seguridad en la Nube y Entornos Multinube

Tendencias

- **Adopción de Nubes Híbridas y Multinube**: Las organizaciones utilizan múltiples proveedores de servicios en la nube.
- **Seguridad como Servicio**: Soluciones de seguridad proporcionadas directamente desde la nube.

Desafíos

- **Complejidad de Gestión**: Dificultad para asegurar entornos diversos y distribuidos.
- **Responsabilidad Compartida**: Entender y gestionar las responsabilidades entre proveedores y clientes.
- **Cumplimiento Normativo**: Asegurar el cumplimiento de regulaciones en diferentes jurisdicciones.

3. Preparándose para el Futuro de la Ciberseguridad

3.1. Formación y Educación Continua

- **Actualización de Conocimientos**: Los profesionales deben mantenerse al día con las últimas tendencias y tecnologías.
- **Conciencia en Toda la Organización**: Fomentar una cultura de seguridad que involucre a todos los empleados.
- **Programas de Certificación**: Obtener certificaciones reconocidas que validen competencias en ciberseguridad.

3.2. Colaboración y Compartición de Información

- **Comunidades de Seguridad**: Participar en foros y grupos para compartir conocimientos y experiencias.
- **Alianzas Público-Privadas**: Cooperación entre gobiernos, empresas y academia para fortalecer la ciberseguridad.
- **Inteligencia sobre Amenazas**: Compartir información sobre amenazas emergentes y tácticas de ataque.

3.3. Innovación y Desarrollo Tecnológico

- **Inversión en I+D**: Fomentar la investigación en nuevas tecnologías y soluciones de seguridad.
- **Adopción de Tecnologías Emergentes**: Explorar el uso de blockchain, IA, aprendizaje automático y otras innovaciones.
- **Pruebas y Simulaciones**: Realizar ejercicios de ciberseguridad para probar y mejorar defensas.

4. Marco Ético y Regulaciones

4.1. Desarrollo de Normativas Específicas

- **Regulaciones para IA y Ciberseguridad**: Crear leyes que aborden los desafíos únicos de estas tecnologías.
- **Protección de Datos**: Fortalecer leyes que protejan la privacidad y seguridad de los datos personales.
- **Responsabilidad Legal**: Definir claramente las responsabilidades y consecuencias legales en casos de ciberataques.

4.2. Estándares Internacionales

- **Cooperación Global**: Establecer estándares y prácticas comunes a nivel internacional.
- **Cumplimiento Transfronterizo**: Abordar los desafíos legales y éticos en un mundo interconectado.
- **Ética en el Desarrollo Tecnológico**: Promover principios éticos en la creación y uso de tecnologías de ciberseguridad.

5. Desafíos Éticos Emergentes

5.1. Ciberarmas y Militarización del Ciberespacio

- **Desarrollo de Ciberarmas**: Estados y actores no

estatales desarrollan herramientas ofensivas.

- **Guerra Cibernética**: Conflictos que pueden afectar infraestructuras críticas y civiles.
- **Regulación y Control**: Necesidad de tratados y acuerdos que limiten el uso de ciberarmas.

5.2. Derechos Humanos en el Ciberespacio

- **Acceso Equitativo**: Promover el acceso universal a tecnologías y protección en línea.
- **Libertad de Expresión**: Balancear la seguridad con el respeto a los derechos fundamentales.
- **Censura y Control**: Prevenir el uso de la ciberseguridad como excusa para restringir libertades.

5.3. Automatización y Desempleo

- **Impacto en el Empleo**: La automatización puede desplazar a trabajadores en seguridad y otros campos.
- **Reentrenamiento y Adaptación**: Preparar a la fuerza laboral para nuevos roles y habilidades.
- **Responsabilidad Social**: Las organizaciones deben considerar el impacto social de la automatización.

El futuro de la ciberseguridad está lleno de desafíos y oportunidades. A medida que la tecnología avanza, también lo hacen las amenazas y las consideraciones éticas asociadas. Es esencial que las organizaciones, los profesionales y la sociedad en general aborden estos desafíos con una perspectiva ética, responsable y colaborativa.

Adoptar una postura proactiva que combine innovación

tecnológica con principios éticos sólidos permitirá no solo proteger los sistemas y datos, sino también fomentar un entorno digital seguro y confiable para todos. La educación continua, la colaboración global y el compromiso con prácticas éticas serán fundamentales para navegar con éxito el futuro de la ciberseguridad.

ANEXOS

Anexo A: Glosario de Términos

Activo: Cualquier dato, dispositivo u otro componente de valor para una organización que requiere protección.

Amenaza: Potencial causa de un incidente no deseado que puede resultar en daño a un sistema o a la organización.

Ataque de Denegación de Servicio (DoS): Intento malicioso de interrumpir el servicio normal de un sistema, sobrecargando los recursos o explotando vulnerabilidades.

Autenticación: Proceso de verificar la identidad de un usuario, dispositivo o entidad.

Blockchain: Base de datos distribuida que mantiene un registro inmutable de transacciones, protegida mediante criptografía.

Criptografía: Ciencia que estudia técnicas de cifrado y descifrado para proteger la información.

Ciberseguridad: Práctica de defender computadoras, servidores, dispositivos móviles, sistemas electrónicos, redes y datos de ataques maliciosos.

DDoS (Distributed Denial of Service): Ataque de denegación de servicio distribuido, realizado desde múltiples sistemas comprometidos para interrumpir el servicio de un objetivo.

Encriptación: Proceso de convertir información en un código para impedir el acceso no autorizado.

Firewall: Sistema de seguridad de red que controla y filtra el tráfico de entrada y salida basado en reglas de seguridad preestablecidas.

Hacker Ético: Profesional de seguridad que realiza pruebas de penetración para identificar y corregir vulnerabilidades en sistemas.

IA (Inteligencia Artificial): Simulación de procesos de inteligencia humana por parte de máquinas, especialmente sistemas informáticos.

Incidente de Seguridad: Evento que compromete la confidencialidad, integridad o disponibilidad de un activo de información.

Internet de las Cosas (IoT): Red de dispositivos físicos conectados a Internet que recopilan e intercambian datos.

Malware: Software malicioso diseñado para dañar, interrumpir o obtener acceso no autorizado a sistemas.

Phishing: Técnica de ingeniería social que intenta obtener información confidencial haciéndose pasar por una entidad confiable.

Ransomware: Tipo de malware que cifra los archivos de una víctima y exige un rescate para restaurar el acceso.

SIEM (Security Information and Event Management): Tecnología que proporciona una visión integral de la seguridad de una organización mediante la recopilación y análisis de eventos de seguridad.

Vulnerabilidad: Debilidad en un sistema que puede ser explotada para comprometer su seguridad.

Anexo B: Acrónimos y Abreviaturas

- **AI**: Artificial Intelligence (Inteligencia Artificial)
- **APT**: Advanced Persistent Threat (Amenaza Persistente Avanzada)

- **BYOD**: Bring Your Own Device
- **CCTV**: Closed-Circuit Television
- **CERT**: Computer Emergency Response Team
- **CIA**: Confidencialidad, Integridad y Disponibilidad
- **CISO**: Chief Information Security Officer
- **CSIRT**: Computer Security Incident Response Team
- **DLP**: Data Loss Prevention
- **DNS**: Domain Name System
- **DoS**: Denegación de Servicio
- **DDoS**: Denegación de Servicio Distribuido
- **GDPR**: General Data Protection Regulation (Reglamento General de Protección de Datos)
- **HIPAA**: Health Insurance Portability and Accountability Act
- **IDS**: Intrusion Detection System
- **IPS**: Intrusion Prevention System
- **IoT**: Internet of Things (Internet de las Cosas)
- **IP**: Internet Protocol
- **ISO**: International Organization for Standardization
- **IT**: Information Technology (Tecnología de la Información)
- **MFA**: Multi-Factor Authentication
- **NIST**: National Institute of Standards and Technology
- **PCI DSS**: Payment Card Industry Data Security

- Standard
- **SCADA**: Supervisory Control and Data Acquisition
- **SIEM**: Security Information and Event Management
- **SOC**: Security Operations Center
- **VPN**: Virtual Private Network

Anexo C: Recursos Adicionales

Lecturas Recomendadas

- **"Seguridad Informática: Principios y Prácticas"** por William Stallings
- **"The Tangled Web: A Guide to Securing Modern Web Applications"** por Michal Zalewski
- **"Hacking Ético: Técnicas y Contramedidas"** por Kimberly Graves
- **"Applied Cryptography"** por Bruce Schneier
- **"Artificial Intelligence in Cybersecurity"** por Leslie F. Sikos

Sitios Web y Blogs

- **OWASP (Open Web Application Security Project)**: www.owasp.org
- **Krebs on Security**: www.krebsonsecurity.com
- **Dark Reading**: www.darkreading.com
- **SANS Institute**: www.sans.org
- **NIST Cybersecurity Framework**: www.nist.gov/cyberframework

Cursos en Línea

- **"Introducción a la Ciberseguridad"** por Cisco

Networking Academy
- **"Cybersecurity Specialization"** por la Universidad de Maryland en Coursera
- **"Certified Ethical Hacker (CEH)"** en EC-Council
- **"Machine Learning for Cybersecurity"** en edX
- **"Seguridad en Internet de las Cosas (IoT)"** en Udemy

Bootcamps

Un bootcamp es un programa intensivo de aprendizaje que te prepara en poco tiempo para adquirir habilidades específicas y relevantes para el mercado laboral. En el ámbito de la ciberseguridad, los bootcamps ofrecen formación práctica, basada en proyectos reales, permitiendo a los participantes dominar desde los fundamentos hasta técnicas avanzadas en un entorno simulado.

- **Terminal34pr.com** ofrece:
    - Formación de alta calidad en ciberseguridad.
    - Programas diseñados para desarrollar profesionales en seguridad digital.

- Enfoque en proyectos prácticos y situaciones reales.
- Preparación para enfrentar los desafíos del mundo digital moderno.

Organizaciones y Comunidades

- **ISACA (Information Systems Audit and Control Association)**
- **ISC² (International Information System Security Certification Consortium)**
- **ISSA (Information Systems Security Association)**
- **FIRST (Forum of Incident Response and Security Teams)**
- **Foro de Ciberseguridad de la OEA**

Anexo D: Plantillas y Listas de Verificación

Lista de Verificación para la Seguridad de Redes

1. **Inventario de Activos**:
   - Mantener un registro actualizado de todos los dispositivos y software.
   - Clasificar los activos según su importancia y sensibilidad.

2. **Control de Accesos**:
   - Implementar autenticación multifactor.
   - Revisar y actualizar regularmente los permisos de acceso.
   - Aplicar el principio de mínimo privilegio.

3. **Configuración Segura**:
   - Cambiar contraseñas por defecto en todos los dispositivos.
   - Deshabilitar servicios y puertos no utilizados.
   - Actualizar firmware y software regularmente.

4. **Monitoreo y Detección**:
   - Implementar sistemas de detección de intrusiones (IDS/IPS).
   - Configurar alertas para actividades sospechosas.
   - Revisar logs y registros de eventos periódicamente.

5. **Protección de Datos**:
   - Cifrar datos en tránsito y en reposo.
   - Realizar copias de seguridad regulares y almacenarlas de forma segura.
   - Implementar políticas de retención y eliminación de datos.

6. **Respuesta a Incidentes**:
   - Desarrollar y mantener un plan de respuesta a incidentes.
   - Realizar simulaciones y ejercicios de prueba.
   - Definir roles y responsabilidades claras en caso de incidente.

7. **Concienciación y Formación**:
   - Capacitar al personal en prácticas de seguridad.

- Realizar campañas de concienciación sobre phishing y amenazas comunes.
- Fomentar una cultura de seguridad en la organización.

Plantilla de Política de Contraseñas

- **Longitud Mínima**: Las contraseñas deben tener al menos 12 caracteres.
- **Complejidad**: Deben incluir una combinación de letras mayúsculas, minúsculas, números y símbolos.
- **Expiración**: Las contraseñas deben cambiarse cada 90 días.
- **Reutilización**: No se permite reutilizar ninguna de las últimas 5 contraseñas.
- **Almacenamiento**: Las contraseñas no deben escribirse ni almacenarse en lugares inseguros.
- **Autenticación Multifactor**: Se requiere para accesos a sistemas críticos.

Los anexos proporcionados complementan y enriquecen el contenido de "**Cybersecurity 360: De los fundamentos a la inteligencia artificial**", ofreciendo herramientas prácticas, definiciones clave y recursos adicionales para profundizar en el apasionante mundo de la ciberseguridad. Estos materiales están diseñados para servir como referencia y guía en la aplicación de los conceptos y estrategias presentados a lo largo del libro.

Al aprovechar estos anexos, los lectores pueden consolidar su comprensión, mantenerse actualizados en terminología y prácticas, y acceder a recursos que les permitirán seguir desarrollando sus habilidades y conocimientos en ciberseguridad. La protección en el entorno digital es una tarea continua y colaborativa, y contar con las herramientas adecuadas es esencial para enfrentar los desafíos presentes y futuros.

EPÍLOGO

La ciberseguridad es más que una disciplina técnica; es un compromiso constante con la protección de la información y los valores fundamentales de nuestra sociedad. Al integrar los fundamentos con las innovaciones de la inteligencia artificial y mantener siempre presentes las consideraciones éticas, podemos construir un mundo digital más seguro y equitativo.

"**Cybersecurity 360: De los fundamentos a la inteligencia artificial**" es una invitación a explorar este fascinante campo desde una perspectiva integral, entendiendo que la ciberseguridad es responsabilidad de todos y que juntos podemos enfrentar los desafíos que presenta el futuro digital.

COMPROMISO CON LA COMUNIDAD

Este libro es parte de un esfuerzo continuo por promover la educación y concienciación en ciberseguridad. Se invita a los lectores a compartir sus experiencias, sugerencias y conocimientos para enriquecer este campo y contribuir a un mundo digital más seguro para todos.

"La verdadera fortaleza en ciberseguridad no radica en las barreras que levantamos, sino en nuestra capacidad para anticipar, adaptarnos y aprender de cada amenaza."
— *Angel D. Santiago Rivera*

www.ingramcontent.com/pod-product-compliance
Lightning Source LLC
Chambersburg PA
CBHW052246220526
45471CB00001B/210